本気の「脱年功」人事賃金制度

職務給・役割給・職能給の再構築

経団連事業サービス人事賃金センター ◆著

経団連出版

はしがき

　少子高齢化、企業のグローバル化が急速に進行するなかで、賃金制度はまさに大きな転換期を迎えている。経団連でも2008年に「仕事・役割・貢献度を基軸とした賃金制度の構築・運用に向けて」と題する提言を行ない、従来の年功型から脱し、今後は仕事・役割・貢献度を基軸とした賃金制度へ転換していく必要性を訴えた。

　仕事・役割・貢献度を基軸とした賃金制度とは、各従業員の「仕事」や「役割」の複雑度・困難度・責任度ごとに求められる貢献（成果）に対する遂行結果に応じて賃金を決める仕組みであり、賃金は各従業員が生み出した付加価値・貢献度によって決まる。したがって、制度設計にあたっては、各従業員の「仕事」「役割」の複雑度・困難度・責任度を明らかにし、その相対的価値序列を等級制度等に格付けする「人事制度」構築が絶対的に必要となる。賃金制度を成果主義的に見直しても、人事制度自体が年功的のままでは年功的昇進・昇格がなされ、賃金支給も結果として年功的となるからであり、人事制度と賃金制度のセットでの見直しなしに目的を達することはできない。

　なお、ここで一口に「仕事」や「役割」を明らかにするといっても、すべての従業員の仕事について調べるとなれば、大変な労力と時間がかかるのは想像に難くない。したがって、仕事・役割・貢献度を基軸とした人事制度、そしてそれをもとにした賃金制度を構築することは、会社にとってまさに一大事業になるといってもよいだろう。

　そのため、このような仕事の分析・調査の労力を嫌って同分析・調査を行なわず、形だけの職務等級制度や役割等級制度、職能資格制度をつくろうと試みる企業も多かった。実際に、特に職能資格制度を導入したほとんどの企業では仕事の調査を実施せず、抽象的な基準によ

る職能資格制度を導入した。そのため具体的な職務を遂行する能力を評価できず、結果として年功的な運用にもとづく、職能資格制度とは名ばかりの年功型人事制度になってしまった。したがって、本気で脱年功の人事制度を策定・運用するためには、どうしても実際の仕事を何らかの方法で調査、評価し、それにもとづき人事制度を構築する必要がある。それなしには脱年功は不可能といってもよい。

　そこで本書ではまず第1章で、戦後の日本の人事・賃金制度の変遷を振り返りながら、なぜ日本は年功型の人事賃金制度が築かれていったのか、そしてなぜいま、それを仕事・役割・貢献度を基軸とした人事賃金制度に転換しなければならないのかを説明する。第2章では、仕事・役割を基軸とした人事制度の代表的な制度として「職務等級制度」「役割等級制度」「職能資格制度」の特徴と違いを述べ、第3章では賃金制度の職種別のモデル類型を紹介する。そして第4章では「職務等級制度」を導入する際に必要となる「職務分析」「職務評価」の代表的な手法を、第5章では「役割等級制度」と「職能資格制度」を導入する際に必要となる「職務調査」の手法を紹介する。

　ちなみに人事賃金センターは1964年に、わが国企業の実態に即した職務分析・評価の調査研究、啓蒙普及を目的に、旧日本経営者団体連盟（日経連）の事務局組織の一つ「職務分析センター」として発足した。爾来、多くの職務分析員の養成や職務分析／評価や職務調査に関する書籍を多数発行してきたが、本書ではこうした当センターが過去に紹介してきたものも取り込みながら取りまとめたものである。

　脱年功の人事賃金制度の変更を検討している企業の方、人事賃金制度を学びたい方に、一読いただければ幸いである。

　2017年8月

編　著　者

目　次

はしがき

第1章
経営環境の変化と人事賃金制度改善の方向 ········ 9

1．日本の人事賃金制度の変遷と特徴 ················· 10

2．人事賃金制度見直しの方向 ················· 16

⑴　年功序列型人事賃金制度の特徴················· 16

⑵　経営環境と従業員意識の変化················· 18

⑶　人事賃金制度見直しの方向 ················· 21

3．職務（仕事）・役割・職能・貢献度を基軸とした
人事制度の枠組み················· 22

⑴　人事制度の枠組み設計················· 22

⑵　職掌の設定 ················· 23

4．基礎となる職務（仕事）の管理単位················· 28

第2章
仕事・役割を基軸とした人事制度 ························· 31

1．職務等級制度 ················· 32

⑴　職務等級制度とは················· 32

⑵　職務等級の段階数················· 34

⑶　職位担当者と課業配分················· 34

⑷　職務等級制度の人事運用················· 36

2．役割等級制度 ················· 40

⑴　役割等級制度とは················· 40

5

(2) 職位を構成する課業 ………………………………………………… 42

(3) 経年変化による職位を構成する課業（標準モデル）…………… 44

(4) 役割等級制度の人事運用 …………………………………………… 45

3．職能資格制度 ……………………………………………………… 46

(1) 職能資格制度とは ………………………………………………… 46

(2) 職能資格基準 ……………………………………………………… 47

(3) 職能資格制度を軸とするトータル人事管理システムの構築 … 56

(4) 標準職位を構成する課業 ………………………………………… 57

(5) 経年変化により変化する職位を構成する課業（標準モデル）… 58

(6) 職能資格制度の人事運用 ………………………………………… 59

第3章
仕事・貢献度基準の賃金制度の設計 ………………… 65

1．全社一律型から多立型賃金体系へ ……………………… 66

2．定型的職務と非定型的職務の賃金体系 ……………… 67

(1) 定型的職務と非定型的職務 ……………………………………… 67

(2) 定型的職務の賃金体系例 ………………………………………… 69

(3) 非定型的職務の賃金体系例 ……………………………………… 80

3．等級間賃金格差の設定 …………………………………… 89

第4章
職務分析・評価の方法と手順 ………………………… 93

1．職務分析の手順 ……………………………………………… 94

(1) 収集すべき情報の内容 …………………………………………… 94

(2) 職務記述書の作成 ………………………………………………… 95

2．職務評価の方法（点数法の例）………………………… 108

3．Ｉ社の職務分析・評価（職務記述例）……………… 123

第5章
職務調査の方法と手順 ………………………………………… 125

1. 課業評価基準の作成 ……………………………………… 126
（1）課業設定上の着眼点 ……………………………………… 126
（2）課業評価基準の作成 ……………………………………… 129

2. 職務調査の実施 …………………………………………… 132

3. 等級・資格基準の作成 ………………………………… 142

4. 役割等級・職能資格基準の維持 …………………… 144

表紙カバーデザイン──林　一則

第 1 章
経営環境の変化と
人事賃金制度改善の方向

1. 日本の人事賃金制度の変遷と特徴

　日本の人事賃金制度は、戦後の生活給をベースに形成された年功序列型賃金が現在でも多くの企業で実態としては主流になっているといっても過言ではない。歴史を振り返ると、これまでも不況になるたびに年功序列型賃金の見直しが唱えられ、職務や成果にもとづく制度への改定が試行されてきた。実際に、職務等級制度・職務給、あるいは職能資格制度・職能給を部分的に導入した企業も数多くみられ、少数ではあるが全体的に導入した企業もみられた。しかし世帯主（ほとんどが男性）が一家の生計を支えるという従業員に対して、雇用の安定によって安心を与える終身雇用制度を前提とした経営家族主義、あるいは運命共同体といわれるなかで従業員の定着率を高め、忠誠心を高めるという経営者の意識が強く反映され、また日本的雇用慣行から脱却できなかったこともあり、結局、制度の形は職務や職能をベースとしながらも、実際の運用は年功をベースとする企業がほとんどであった。

　本書は、こうした年功型人事賃金制度から、実際に合目的的に運用できる職務・役割基準の人事賃金制度に転換するための方法を解説することを目的としている。そこでまずは、日本の人事賃金制度はなぜ、欧米企業で採用されている職務をベースとするのではなく、年功ベースが主流となっているのか、また何度となく年功型賃金の見直し・修正が試みられながら、抜本的な変革が進まなかったのはどうしてか。一般的な企業において制度として確立した戦後の日本の人事賃金制度について、4つの時代に分けてその変遷を概観したい。

　なお、4つの時代への分類は、あくまでわかりやすいよう便宜的に

区分したのであって、各時代の年次で突然変わったわけではなく、現在に至るまでまったく変化していない企業も現実には存在している。

❶1945〜1955年：生活給の時代

　戦後間もないころは経済が混乱し、物資が乏しいなかで大インフレーションが起こるなど、生きていくことも厳しい時代であったことから、まずは何よりも「食える賃金」が必要とされた。そのため物価上昇にもとづく物価手当や、生活関連手当といわれる食事手当や住宅手当などがその大半を占めるなど、賃金は、極端に生活給化した。

　生活給とは「従業員の生活費に配慮して決める賃金」であり、学歴、年齢、経験、技能にもとづく基本給のほかに、家族手当、住宅手当、物価手当など生活関連手当などで構成される。この生活給色の強い賃金体系の代表例が、1946年10月に労働組合の要求にもとづき電力会社に導入された電力産業型（電産型）賃金体系である。図表1-1に示すとおり、基準内労働賃金のうち、能力給を除いた約8割が生活関連の賃金となっており、特に家族数にもとづく家族給が5割近くを占めていた。

　こうした賃金の極端な生活給化に対し、GHQの要請によって1946

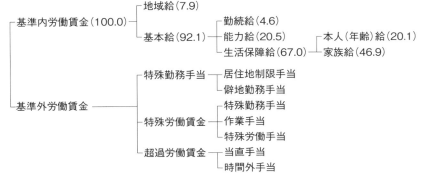

図表1-1　電力産業型（電産型）賃金体系（1947年4月）

資料：『これからの賃金制度』労働省賃金部賃金制度研究会編著（1972年）より

年7月に来日したアメリカの労働諮問団は、日本の生活給を中心とする賃金体系の複雑さを単に非合理なものと理解し、労働の対価として合理的な職務給を導入すべきだとの勧告を行なった。この勧告を踏まえ、1948年にまずは公務員に職階給が導入された。民間企業においても、いくつかの大企業を中心に、同一労働同一賃金の推進や、電産型賃金の是正を目的に、アメリカの職務給を参考にした職務給を基本給の一部に導入するようになった。

しかしながら、そもそも日本では職務観念が未熟なうえに、実際の問題として、賃金自体が生活できるぎりぎりの水準だったことから、職務給を全面的に導入するには時期尚早であり、年功給と組み合わせたり、能率給と併存させたりといった日本的修正を加える形となった。

そうしたなかにあっても職務給導入機運がまったく消滅したわけではなく、1963年の鉄鋼大手の技能職に対する本格的職務給（全給与の15％程度）導入を機に再び関心が高まり、1964年には日経連（日本経営者団体連盟）に職務分析センターが組織された。以降、同センターでは企業の要請による企業内実地指導や職務分析員を養成するセミナーを開催し、2000年過ぎまで多くの企業に対して職務等級制度・職務給導入の指導、支援を行なった。

❷1955〜1975年：年功給の時代

上記❶の生活給の時代には、企業は年中行事のように組合からの交渉に応じ、生活費増や生活水準の向上に合わせる形でベースアップを中心に賃金の引き上げを行なってきたが、1954年に関東経営者協会の賃金委員会が、ベースアップと明確に区分する「定期昇給制度」（毎年昇給する制度）の確立を提言したことをきっかけに、ベースアップに代わり、加齢にもとづく生計費増に対応した定期昇給制度（賃金体系としては総合決定給、本人給、年齢給、勤続給などが中心）が広く

図表 1-2　当時（1969 年）の主な基本給構成

（代表例）　総合決定給　＋　年齢給・勤続給

年齢・勤続・経験・学歴給	職務給	職能給	職種給	総合決定給	個人能率給	団体能率給	役付手当	家族手当
34.0%	4.9%	14.0%	8.3%	74.8%	16.8%	6.9%	82.4%	74.8%

注：総合決定給…年齢、学歴、勤続および経験年数、能力、職務、技能、勤務成績、
　　勤怠度などの諸要素を総合評価して支給する賃金
資料：労働省「賃金労働時間制度総合調査」（1969 年、規模計）

普及するようになり（図表1-2）、定期昇給制度を柱とする年功型賃金体系が徐々に確立していった。

　当時の日本は若年者が多く、企業は年々急成長を遂げるとともに、新しい事業の創造が求められたことに比例してポストも増大するという環境下にあり、年功制はきわめて有効に機能し、企業に多くのメリットをもたらした。

　従業員にとっても、年功制は昇進への期待感や昇給への満足感を十分満たすなど、個々人のメンタリティともぴったり噛み合っていた。特に企業成長のためには従業員の定着が必要であり、終身雇用・年功型賃金はまさにその役割を大いに果たしていたものといえる。

　しかし東京オリンピック後の1965年に、「昭和40年不況」と呼ばれた不況が発生し、また高学歴化の一層の進行をきっかけに、役職ポスト不足の対策として、職能資格制度とそれに対する職能給の導入が始まった。

❸1975〜2000年：職能給の時代

　1975年を境とする2度のオイルショックにより、企業の成長は鈍化し、また高齢化が徐々に進み始めた。単なる量的拡大が終わり、質的な向上、新しい情報化社会が進展するなかで、従来のような年功賃金を続けるなら、賃金原資の増大は避けられず、労務費倒産しかねないといった危機感が漂い始め、年功給の維持はもはや困難と認識された。一方で職務給も、長期雇用のなかで流動的な課業配分や配置異動

第1章◆経営環境の変化と人事賃金制度改善の方向　13

図表 1-3 当時（1994年）の主な基本給構成

（代表例）職能給 ＋ 年齢給・勤続給

	総合決定給	年功給体系	職能給体系	職務給体系	職能給・職務給 併存体系
管理職	26.3%	2.6%	52.6%	5.1%	10.9%
一般職	22.4%	7.7%	55.8%	3.8%	9.6%

資料：日経連職務分析センター「会員制度調査アンケート」（1994年、規模計）

を通して人材育成を行なう日本企業の人事管理においては、その硬直性ゆえに多くの問題点を残し、運用上形骸化していた。

このようななかで、その双方を解決できる制度として考えられたのが、職務遂行能力を処遇の基礎におく職能資格制度・職能給体系であり、急速に進展・普及するようになった（図表1-3）。

もっとも、職能資格制度に転換したほとんどの企業においては、職能資格基準が抽象的であり、職能の評価が困難だったため、運用にあたっては結局のところ年功制の域を出ることができなかった。また実際の経済環境も、全体としては成長の基調が続いたため、年功的な運用を続けても企業経営上、支払能力の面で危機感をもつほどの状況とはならなかった。

❹2000年～：職務・役割・貢献度を基軸とした賃金の時代

1990年代初頭にバブル経済が崩壊し、「失われた20年」と称される低成長時代に突入すると企業の量的拡大にブレーキがかかり、人件費の適正管理、賃金の合理的決定が一段と強く要請されることとなる。さらに少子高齢化が急速に進行するなか、ピラミッド型の人員構成を前提とする年功型賃金制度を見直し、職務や成果に連動した賃金制度への転換が唱えられるようになった。

経団連も2008年に「仕事・役割・貢献度を基軸とした賃金制度の構築・運用に向けて」を発表し、経営環境が大きく変化するなか、もはや年功型賃金制度（実質的に年功となっている職能資格制度・職能給

図表 1-4　近年の基本給導入状況の推移

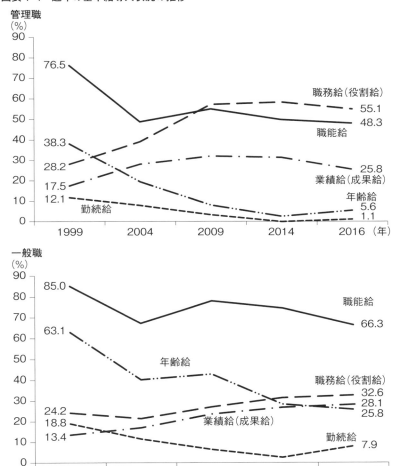

資料：人事賃金センター「会員企業制度調査アンケート結果」

も含む）を維持することは困難で、職務や成果にもとづく賃金制度への転換が必要であることを提言した。これらを踏まえ、企業各社は現在、職務や成果にもとづく処遇制度への転換に本気で取り組みつつあるといえる（図表1-4）。

2. 人事賃金制度見直しの方向

　戦後何度も年功型賃金の見直しが唱えられ、実際に取り組んだ企業はあったものの、結局は日本的な修正が加えられ、実質的に2000年ごろまで年功型の処遇体系が続いていた要因としては、年功型が結果的には企業経営上で決定的なデメリットには至らず、一方では従業員のニーズにも合っていたからだといえよう。

　そこで以下では、なぜ年功型人事賃金制度は長年続けられてきたのか、なぜいま、その制度を見直す必要があるのかを改めて詳しくみていくことにしたい。

(1) 年功序列型人事賃金制度の特徴

　なぜ年功的な制度や運用から長年脱却できなかったのかについては、年功で賃金を決めることに対して、「企業経営上、理論的には問題がある」「その時々で人件費負担に耐えられなくなる」などが指摘されながらも、結果としては従業員、企業の双方にとって致命的な不満や問題には至らずに、不況でも経営危機をなんとか乗り切ることができたからといえよう。

　図表1-5は年功型賃金のイメージ図である。図に示す賃金カーブのとおり、年功型賃金は年齢や勤続を重ねるにつれ賃金が昇給していき、さらに定年退職すると多額の退職金が支給される。したがって、

図表1-5 年功型賃金と実際の貢献度カーブ（イメージ）

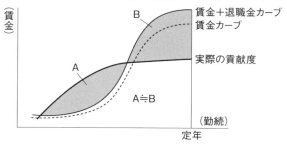

退職金も含めた賃金カーブを考えると、賃金のみの賃金カーブよりも、年功度合いが一層強くなる。

ところが従業員の実際の貢献度は、図表1-5に示すように「賃金＋退職金カーブ」と同じカーブとはならず、一般的には若い時は賃金＋退職金カーブより高く、年齢が上がると賃金＋退職金カーブより低くなると考えられる。このように、賃金＋退職金カーブと貢献度のカーブは整合していないことから、仮に不整合の部分のAとBがほぼ同じ面積であれば、従業員からみると入社から定年退職まで同じ会社で勤めれば、貢献度と賃金の面積はほぼ同等となり、貢献度に見合った賃金＋退職金が支給されたことになる。

このような年功型賃金の場合、若年者にとっては、実際の貢献度より賃金が低いことから強い不満をもってもおかしくない。しかし特に日本では、「就職ではなく就社」という言葉に象徴されるように、従業員も会社も終身雇用が当たり前とされ、経済発展を前提に、若い時は賃金が低くても年齢を重ねれば昇給・昇進し、いずれは先輩や上司のような給料をもらえるといった「確信的期待」があったため、強い不満をもつ者はほとんどいなかった。また給料が年齢とともに昇給することには、生計費カーブと合致するところでもあり、安心して働くことができたともいえる。加えて、年齢や勤続年数という基準は、人事考課結果とは異なり、だれもが文句をつけようのない客観的な物差

第1章◆経営環境の変化と人事賃金制度改善の方向　17

しであり、ある意味きわめてわかりやすい。さらに、賃金が低いからと転職を試みたとしても、他社もほとんどが年功型賃金のため、高い賃金を払ってくれる会社を探すのはきわめて困難であり、図表のＡの部分の蓄積のない転職者（中途採用者）は、転職先の新卒入社者よりも低く給料を設定されるのが一般的であった。

退職金についても、自己都合で、かつ勤続年数が短い時点で退職すると、きわめて少額となってしまう。これは、途中で退職すると非常に不利になるように設計することで、企業が従業員の長期勤続を奨励し、人材の定着をはかってきたからでもある。

このように年功型賃金は、企業の側にも非常に大きなメリットが認められる。従業員の年齢構成がいわゆるピラミッド型の場合、賃金が実際の貢献度より低い若年者が多く、実際の貢献度より高い高齢者が少ないことから、人件費全体としては全体の貢献度に比べて少なく済み、余った資金でさらに投資を拡大し、企業の発展に寄与したともいえる。これがいわゆる日本の高度成長を促進した要因の一つともいうことができる。

(2)　経営環境と従業員意識の変化
❶急速な少子高齢化の進行

年功型賃金は、賃金論的には戦後間もないころからたびたび問題があるといわれてきたが、前述のような日本的雇用慣行ならびに経営環境と適合していたため、大きな改革は普及・進展しなかったといえよう。

それが昨今、改めて年功型賃金の見直しが大きく唱えられるようになったのは、経営環境の変化、とりわけ急速な少子高齢化の進行が一番の理由としてあげられる。日本における少子高齢化のスピードは、世界のなかでも突出しており、図表1-6、図表1-7に示されるように人

図表1-6 2015年の人口構成

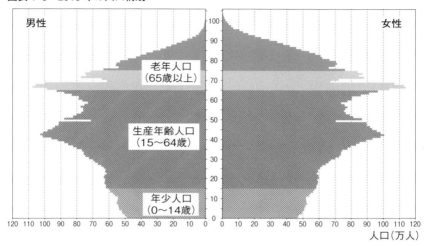

図表1-7 2040年の人口構成

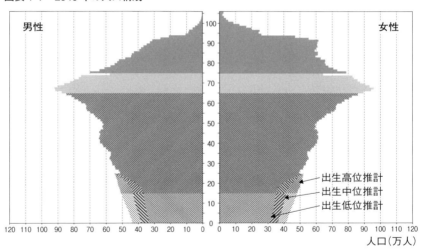

資料：国立社会保障・人口問題研究所「日本の将来推計人口（平成29年推計）」

口構成がピラミッド型から急速にちょうちん型へ、さらには逆ピラミッド型へと進みつつある。したがって、各企業の従業員の年齢構成も、これに合わせて逆ピラミッド型へと、近い将来移行していくことは間違いない。

そうしたなかで、もしこのまま年功型賃金を続けていくなら、実際の貢献度より賃金の低い若年者が少なくなり、実際の貢献度より賃金の高い高齢者が多くなって、人件費は全体の貢献度に比べてきわめて割高な状態を生むことになる。つまり年功型賃金は、高齢者が多い人員構成においては、適正な人件費を維持することが不可能なシステムなのである。

❷低成長時代の到来と企業のグローバル化の進行

労務構成の高齢化の進行によって人件費が膨らみ続ける年功型賃金は、企業が成長・拡大を続けられる高度成長期であれば、多少人件費が膨れ上がっても、支払い続けることは可能かもしれないが、バブル経済の崩壊に続く低成長時代により経済は低迷し、企業の大型倒産も相次いだ。こうした厳しい経営環境のなかで、年功型賃金はまさに本格的に見直しが迫られるようになったのである。

さらに企業のグローバル化の時代を迎え、外国人を積極的に採用するようになると、日本特有の年功型賃金のままでは優秀な外国人を採用・活用することは困難である。そのため処遇制度もグローバルスタンダードを意識した仕組みにしていくことが求められてくる。

❸従業員意識の変化

経営環境の変化にともない、従業員の年功型賃金に対する意識も大きく変化している。バブル崩壊前までは、年功による昇給・昇進に対して確信的期待があり、生計費カーブに準拠した年功型賃金に大きな不満をもつことはなかったが、バブル崩壊以降の、大企業でもいつ倒産するかわからない状況下では、将来に対する確信的期待はもちえ

ず、とりわけ若い従業員は、自社が定年まで存続する期待すらもてない。そのため、若い時期の賃金が実際の貢献度より低い年功型賃金に対する不満が生まれ、自己の仕事や成果・業績を現在時点で適正に評価し、処遇に反映してほしいというニーズが強くなった。

(3) 人事賃金制度見直しの方向

　以上のような経営内外の大きな環境変化を背景として、年功型賃金制度は、経営の観点からも従業員への納得性の観点からも維持できなくなってきている。それでは今後、どのような処遇制度へと見直すことが望ましいのだろうか。

　その第1のポイントが、仕事の価値に応じた賃金体系である。仕事の価値は、日本では会社横断的に外部労働市場のなかで仕事の賃金が決まることがないため、あくまで自社独自の判断にもとづく価値基準となる。しかし、それぞれの仕事の価値が公表され、自分はこの仕事だからこれだけの賃金をもらえるということがはっきりすれば、他人と賃金の違う理由も明確になり、より価値の高い仕事に就くための能力開発のインセンティブを生むことにもなる。したがって、仕事の重要性や責任度、困難度といった仕事の価値に応じて賃金を支払うシステムは、公正性や納得性の高い制度であるといえる。

　ただし、同じ仕事だからといって同じ賃金にするのは必ずしも公正とはならない。なぜなら、たとえば宛名ラベルのシール貼りの仕事を考えた場合、1時間で200枚封筒に貼れる人と、300枚貼れる人では1.5倍も成果が異なり、この成果の違いを無視して賃金を同じにすることは公正性を欠く。またシールを曲がって貼り付けると受取人を不快な気持ちにさせたり、貼り付け方が弱いと剥がれてしまう可能性もあることから、貼り方の正確性の違いも成果の違いとして当然考慮に入れなければならない。したがって、成果にもとづいた賃金体系であ

図表 1-8　年功型賃金から仕事・役割・貢献度にもとづく賃金へ

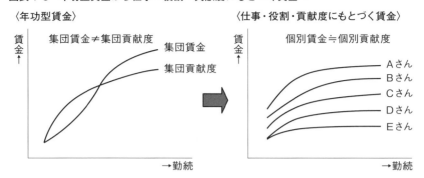

ることが第2のポイントとなる。

　つまり、各従業員の会社への貢献度は、どんな仕事をし、その仕事でどのくらい成果を創出したかという「仕事」と「成果」の2つの軸で評価されるものといえる。

　仕事と成果で評価される貢献度は、図表1-8の右図のとおり、勤続年数や年齢に関係なく各人それぞれである。それは、貢献度よりも勤続年数や年齢を重視するこれまでの年功型賃金制度とは異なり、企業の労務構成がいくら高齢化しても、理論上は人件費が増加することはなくなる。賃金の決定要素は仕事や成果であり、勤続年数や年齢はまったく関係ないからである。

3. 職務（仕事）・役割・職能・貢献度を基軸とした人事制度の枠組み

(1)　**人事制度の枠組み設計**

　今後の賃金体系を、高齢化などにより維持がむずかしくなった年功型から、各従業員の貢献度、すなわち仕事や役割、成果を基軸とした

ものに転換するためには、人事制度自体を見直し、年功から仕事にもとづく仕組みに変更することが大前提となる。いくら新たな賃金制度として仕事や役割または職能を基軸とする職務給、役割給、職能給を導入したとしても、その支給基準ともいえる人事制度が年功的なままでは、実質、年功給と変わらない、名前だけの職務給、役割給、職能給となってしまうからである。

　見直しにあたっては、人事序列格付けの基準となる要素を何にするのか、その要素を「職位」におけば「職務等級制度」に、「職務遂行能力」におけば「職能資格制度」となる。また最近は、「職位」の内容を固定的にとらえない「役割」という概念で仕事をとらえ、「役割」を人事序列格付けの基準とする「役割等級制度」も仕事基準の人事制度として位置づけることができる。各制度の具体的な設計方法は後述するが、そのいずれを選択した場合も、まずは人事制度をどのような枠組みで設計するかの基本的な構想を決定する必要がある。

　すなわち、まずは

①役割やキャリア形成からみた縦割り区分としての「職掌」の設定

②仕事や職能のレベルに応じた横割り区分としての「等級・資格」の設定

の作業を行なうものであり、以下はその留意点である。

(2)　職掌の設定

❶管理専門職層における職掌区分

　人事制度の枠組み例を図表1-9に示した。

　今日の企業経営は、グローバル化や産業構造の変化にともなう事業の再構築、従業員の高齢化、高学歴化、価値観や仕事観の多様化など、内外に生起する多様な変化に当面しており、それらへの迅速な対応が求められている。

その一つとして、管理職の役割の分化、多様化がある。管理職の役割の分化を各社の実態を踏まえ整理してみると、「管理職」「スタッフ管理職」「専門職」となる。この役割の差異に着目した区分が、今日における職掌区分である。以下、各職掌を概説する。

①管理職掌

　今日の経営組織は従来の分業化、専門化を前提とする職能別部課別編成では硬直的すぎるとして、新しく生起する課題に迅速・弾力的に対応できる組織への再編成、言い換えるとヒエラルキーによる「剛構造組織」から、大くくり化とフラット化によって変化に強い「柔構造組織」に再構築している企業も多い。

　柔構造組織では、組織のくくりがこれまでに比べて大きくなると同時に、組織運営の担い手が必然的に２つに分かれる。一つは、従来どおり組織を統轄する管理職で、もう一つは管理職に対するサポーター、つまりスタッフ管理職である。

　組織を統轄する管理職は、組織のくくりが大きくなるだけ管理スパンも広くなり、その果たすべき役割の奥行きも深くなるが、相変わらず組織を統轄し組織運営のキーマンとしての役割が期待されることに変わりはない。こうした組織を統轄し組織運営のキーマンの役割を担うのが管理職掌である。

②スタッフ管理職掌

　組織の柔構造化で少数化した管理職は、管理スパンの拡大にともない、日常的な業務処理に忙殺されることになる。一方で、経営内外に多様な変化が起きている今日、経営や部門が当面する課題も多くなりその内容も高度化・複雑化し、管理職だけでは処理できなくなっている。その対応をサポートする役割を担うのがスタッフ管理職である。

　スタッフ管理職は、主として経営職のもと、あるいは各部門のなかで非日常的に発生する複雑で困難な課題を自己完結的に処理すること

図表1-9 人事制度枠組み例

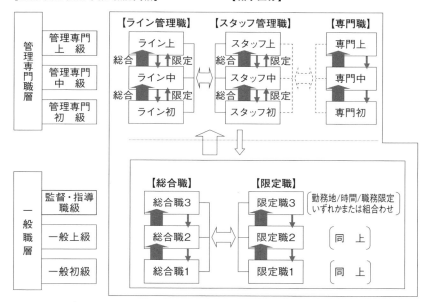

注： 1. ⇒印は職掌転換経路
2. 企業規模の大小や業態により資格段階数は異なる
3. 総合職：勤務地、時間、職務等に原則限定がない勤務者
4. 限定職：
・勤務地限定職：異動は国内のみ、限定エリアのみ、転居をともなわない範囲のみ、あるいは当該事業所のみ、サテライトオフィス、自宅など、勤務地に何らかの限定がある者
・時間限定職：短時間・短日・残業なし、特定時間帯の勤務者
・職務限定職：職務内容や職種が限定されている勤務者
＊組合わせは、「勤務地限定」「勤務地限定＋時間限定」「勤務地限定＋職務限定」「勤務地限定＋時間限定＋職務限定」
＊限定職は総合職と同一等級資格の場合でも、勤務地や時間、職務の限定内容や組合わせによって賃金水準を設定する

になる。場合によっては経営職、管理職の委任を受けて、少数のアシスタントを使いながら計画から執行方法の選択、執行までを自ら行なうこともある。こうした役割は今日、ますます重要度を増し、その活用いかんが、経営や部門業務運営の成否を決めるとすらいえる。

③専門職掌

業務内容が多様化し、特定領域についての経験や高度な専門知識、熟達した技能への需要が強まるなか、これに応えるのが専門職である。専門職は特に専門分野が明白で、その分野の業務や技術について他の追随を許さぬプロフェッショナルである。したがって専門分野を離れたローテーションもあまり行なわれない。専門職をこのようにかなり純化した性格づけによってとらえ、それを管理職やスタッフ管理職と併置して活用をはかろうとしているのが最近の専門職の動向である。

わが国企業における専門職は、すでに昭和30年代に導入例をみているが、組織のニーズや人事上の必要にもとづいて設定されたものが多かったため、専門職とはいいながら、きわめて漠としていて、かなり幅の広いものであった。たとえば、高度な専門能力保有者である文字どおりの専門職もいれば、ライン管理からはみ出した従業員を遇する職位として、年功序列昇進のクッションとして使われるという例も多くあった。

これに対し、新たな需要をもって生まれている専門職は、特定専門領域の高度プロフェッショナルであり、その能力を存分に発揮し、生き生きとした活躍が期待されるものでなければならないという認識の高まりに合致した役割を期待される職掌である。

❷一般職層における職掌区分

わが国の企業では、新規学卒者を主な労働力の供給源にしてきた。在学中の履修学科に応じて、事務営業系か技術技能系かに振り分けて

募集や選考を行ない、採用後は会社の能力開発・育成方針のもとに一人ひとりの従事職種を決めるというのが一般的であり、従業員本人の意志よりも会社の意向を優先した配置管理が行なわれていたことが特徴としてあげられる。

　ところが近年、特に若年層を中心に価値観や仕事観が多様化してきており、そうした多様化への対応が重視されるようになってきた。たとえば、特定の職種に就くことにこだわる者、残業に抵抗感をもつ者、一定地域の勤務場所を希望する者など、まさに個性の時代ともいえる価値観・仕事観の多様化が現実のものとなってきている。

　特に少子高齢化、人口減少が急速に進行するなか、企業としては女性や高齢者が働きやすい制度・施策の整備は喫緊の課題である。したがって、企業経営の維持発展を期するには、従業員のこうした多様なニーズを受けとめ、従来の集団的画一型人事管理システムを見直し、働きがいの創造をはかることができる人事管理システムへ転換することが重要であり、こうした課題に応えるため、勤務地限定、勤務時間限定（短時間勤務等）、職務限定などの限定型勤務の選択肢をもつ人事管理システムを導入する例が増えている。

　これら、いわゆる限定職と、勤務地等を限定しない総合職とを比較すると、仕事や職能のレベルに応じた横割り区分としての「等級・資格」は、仕事や職能のレベルが同じであれば変わることはない。ただし、限定職は何らかの限定をしている以上、会社からみた労働の価値は総合職と比べて相対的に低くなるので、賃金を同額とするわけにはいかない。

　なお、一般職層においては従来、「総合職掌」と「一般職掌」とで区分する企業がきわめて多かった。両者の理屈上の仕分けは、長期勤務を前提として、計画的に定型的業務から非定型的業務を経て基幹的・判断的業務へと経験を積み、キャリア形成に努め、将来、管理専

門職への道が開かれ、キャリア形成過程で国内外の転勤や異動が必要とされるのが「総合職掌」、補助的業務、定型的業務、定例的業務と段階を踏むが、実務や職能経験の積み重ねの範囲までとし、キャリア形成、国内外の転勤や異動を必要としないのが「一般職掌」とされていた。

しかしこのような区分にすると、個々のライフスタイルのなかで、ある一時期だけ勤務地等を限定したい社員であっても一般職掌を選択せざるをえなくなる。そのため多くの場合、結婚や出産・育児といったライフイベントを迎えて離職する女性は一般職掌、逆に男性は総合職掌を選択することとなりがちで、女性のキャリア開発、活躍推進の大きな足枷となっている。

また、総合職は非定型業務、一般職は定型業務の遂行が中心というのが理屈上の位置づけとなるが、たとえば職能資格等級3級の入社間もない総合職社員の業務の中心は定型業務にならざるをえず、逆に、より複雑な定型業務を遂行しているベテラン一般職社員が職能資格等級2級に位置づけられているなど、実際の仕事や職能のレベルと等級・資格が逆転している会社もよくみられる。

したがって今後は、総合職であれ限定職であれ、あくまで横割り区分としての「等級・資格」は、職務等級制度・役割等級制度であれば仕事のレベルで、職能資格制度であれば職能のレベルでと、同基準で格付けする必要がある。

4. 基礎となる職務（仕事）の管理単位

仕事を基軸とした人事制度に転換するためには、まずその仕事の実態を把握する必要がある。ところが一口に「仕事」といっても、さま

図表1-10 仕事の区分

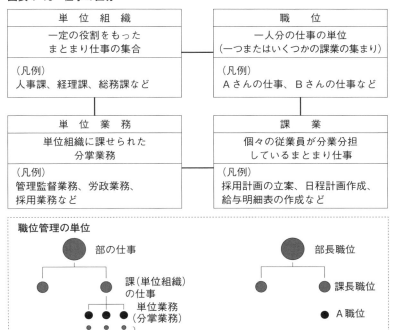

ざまな種類と程度がある。そこで、仕事の区分（管理単位）とはどのようなものかを整理したい。

　企業は経営目的を達成するために組織を編成し、組織ごとに分担すべき業務を定めている（これを単位組織という）。そして組織ごとの分担業務は、当該組織が主管するいくつかの業務で構成され、それらは業務分掌規程などで定められている。その、目的が同一の業務が「単位業務」である。単位業務は、それぞれいくつかのまとまり仕事に分けられ、組織を編成する個々の従業員に配分されるが、この一人

ひとりに配分されるまとまり仕事が「課業」であり、一人分の課業の集まりを「職位」という。この関連を図式化したものが、図表1-10である。

なお、職位は、従業員そのものを指すのではなく、あくまで従業員に分業分担する仕事が一人分になる単位をいう。また、職務等級制度を採用した場合は、仕事の区分のなかの「職位」を把握する必要があるが、職能資格制度では「課業」を把握することになる。

次章では、仕事を基軸とした人事制度の類型と特徴について説明する。

第2章
仕事・役割を基軸とした人事制度

本章では、仕事・役割を基軸とした人事制度として、職務等級制度、役割等級制度、職能資格制度の３つの制度を取り上げ、各制度の特徴、違いを詳述する。

1. 職務等級制度

(1)　職務等級制度とは

　企業はもっとも効率的に経営活動が行なえるように一人分の仕事量に相当する一つまたはいくつかの課業を配分した「職位」を設定し経営活動を行なっている。この職位の設定にあたっては、職種の特性、採用の難易度、従業員に対する育成の考え方、従事する人数などによって課業配分がまちまちとなるが、課業配分における一般的な課業特性の組み合わせは図表2-1のとおりである。

　また図表2-2は、実態としてもっとも多くみられる職位に対する課業配分例である。

　職務等級制度とは、設定された職位について職務分析・評価を実施して社内における序列づけを行ない、原則としてその職位の序列を基準に運用する仕事基準の人事制度である。

　しかし、社内に存在するすべての職位を個々の職務価値によって人事運用することは、昇職・降職・配置・異動・職位内課業配分の変更など日本の企業における雇用慣行を大きく阻害する要因となり、実際的ではない。

　そこで職務等級制度では、人事運用を踏まえたなかで、許容可能な範囲で有意差が認められるグルーピングをした序列区分（職務等級）を行ない、同一グループに属する職位は同一価値職位として人事運用するものである（図表2-3、図表1-9参照）。

図表 2-1 課業配分の類型

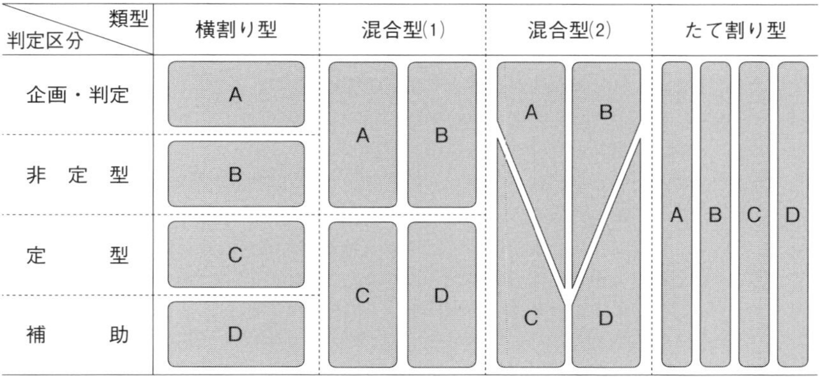

判定区分＼類型	横割り型	混合型(1)	混合型(2)	たて割り型
企画・判定	A	A	A　B	A B C D
非定型	B			
定型	C	C　D	C　D	
補助	D			

注：▭ は職位を示す

図表 2-2 職位を構成する課業

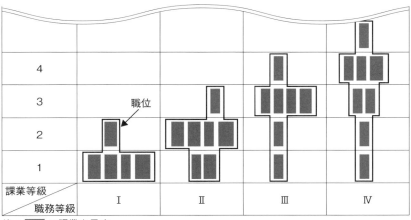

注：▮ は課業を示す

図表 2-3　職務等級制度の等級基準例

等級	等　級　説　明　書
1	細部的な指示または定められた手続きに従って、補助的、見習い的な仕事、あるいは定型的、繰り返し的な日常業務を行なう職位
2	①事務、管理、技能、技術など各部門において普通程度の知識と経験にもとづいて具体的な指示を受けて仕事を行なう職位 ②定められた手続きに従って、日常の事務もしくは技能的な作業または単純繰り返し的な作業の指導あるいは技術的な補助作業を行なう職位
3	①事務、管理、技術など各部門において業務処理の方針ならびに手続きの要点について指示を受け、自己の創意と判断にもとづいて計画、調整、対人折衝もしくは比較的複雑な日常業務を単独または補助者を指導しながら行なう職位 ②比較的単純機械的な作業部門にあって、相当数の部下を監督して技術的、管理的な調整を行ないながら上級監督者を補佐する職位
4	①一般的な監督のもとに一定範囲の業務について具体的な処理計画を立て、技術的な立場から割り当てられた範囲の部下を指導、監督しつつ、日常の業務遂行にあたる職位 ②きわめて高度な技術的業務を担当して単独もしくは数名の補助者を指導しながら特定業務もしくは特定分野の仕事を行なう職位

(2)　職務等級の段階数

　職務の等級数は同一社内においても一律とは限らない。従業員数が少ない場合、従業員の多い企業に比べ、職位に対する課業配分に際して同一職位内において配分される課業は難易度が均等ではなく、難易度に差のある配分となるのはやむをえず、その結果、等級数が少なくなったり、習熟を要する技能・作業職においては区分すべき習熟段階がほとんどない職種から多段階存在する職種まであり、等級数は一律ではなく職種によって異なってくる。

　図表2-4、図表2-5はその一例である。

(3)　職位担当者と課業配分

　職務等級制度の場合、経営上必要な職位を構成する課業は、企業の

図表2-4　B社の資格体系

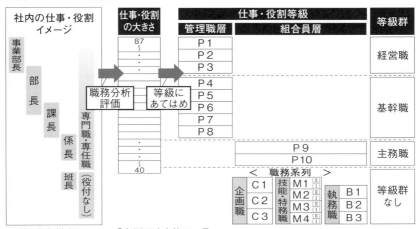

資料：人事賃金センター「事例研究」第611号

図表2-5　C社の職群別等級制度

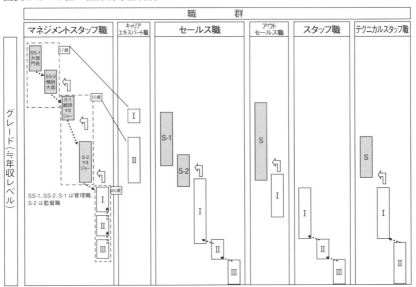

注：⇦ 選考審査を伴うグレードアップ（マネジメントスタッフ職については、選考審査通過者はグレードアップ有資格者と認定され、任命された時点で該当グレードの処遇となる）
　　⇠ 該当職群内における評価によるグレードアップまたはグレードダウン

資料：人事賃金センター「事例研究」第534号

第2章◆仕事・役割を基軸とした人事制度　35

図表2-6　経年変化と職位構成課業（職務等級Ⅱ級の例）

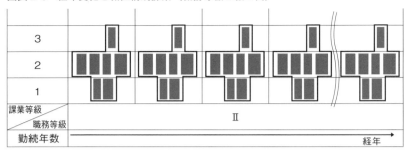

　経営目的を効率的に達成するために配分するものであり、原則として担当者の職能や経験の程度、単位組織内の人員数、能力構成によって、当該職位配分課業が変わることはない（図表2-6）。

　すなわち、設定された職位に、その職位を遂行できると評価された人をつけることになり、当該職位の序列が担当者の社内人事序列となり、対応する職務給が社内の賃金序列になる。

　そのため、職位の段階区分を設定する場合には、一定のルールにもとづく職務分析・評価を行なうことが必須となる（第4章参照）。

(4)　職務等級制度の人事運用
❶昇進・昇級・配置・異動
　職務等級制度においては、企業経営の必要性にもとづき設定された職位を遂行することにより経営目的を達成することになるので、職位が人事管理の基本となっており、職位が充足されている限り原則として、昇進・昇級・異動などは発生しない。

　退職や異動により既存の職位に欠員が発生したり、あるいは職位が新設された場合に限り、育成も考慮した適任者を異動・配置させ、昇進・昇級させることになる。候補対象となる基準は、現職位における人事考課結果や新職位任命のための人材アセスメントが中心になる

図表 2-7　D 社の「総合アセスメントによる適正配置の推進」

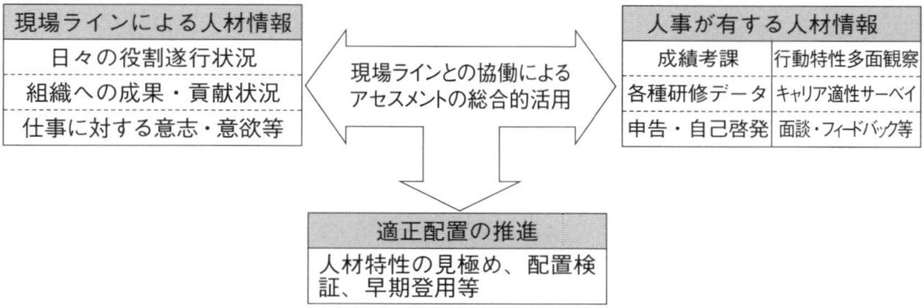

現場ラインによる人材情報		人事が有する人材情報	
日々の役割遂行状況		成績考課	行動特性多面観察
組織への成果・貢献状況		各種研修データ	キャリア適性サーベイ
仕事に対する意志・意欲等		申告・自己啓発	面談・フィードバック等

現場ラインとの協働による
アセスメントの総合的活用

適正配置の推進

人材特性の見極め、配置検
証、早期登用等

（図表2-7参照）。

　この場合、会社からの一方的な異動・配置発令だけではなく、公募
制度導入も社員の意欲向上の効果が期待される。

　一方、既存の職位が必要なくなり消滅する場合や、職位担当者が当
該職位の遂行に不適格と評価された場合は、新たに異動・配置された
職位の職務等級で処遇され、降級となることがある。

❷人事考課

①能力考課

〔定型課業で構成される職位従事者〕

　わが国では定型課業で構成される当該職位を十分に遂行できない者
であっても、とりあえずその職位につけ、徐々にその職位を構成する
課業を習得させ、完全に遂行できるように育成していくことが多い。
したがって、同一職位を担当していても、職務給のほかに習熟度に応
じた賃金処遇軸を設けることが必要になる。この場合、会社が設定す
る習熟段階に格付けるために習熟の程度を評価することが能力考課と
なる（図表2-8参照）。

〔非定型課業を中心に構成される職位従事者〕

　職務等級制度を採用する場合は、当該職位を完全には遂行できない
ことを前提として任命されることはない。また、定型課業のように習

図表 2-8　G社の5段階評価の評価基準

評点	評価基準
5	完全に作業を理解し、的確な指導ができる 異常・トラブル時に対策検討までできる
4	確実に作業ができる 異常・トラブル時に、1次対応ができる
3	定常的作業が安全に1人でできる
2	教育は終えたが、完全に習熟していない
1	教育中であり、1人で作業ができない
0（空欄）	未経験

資料：人事賃金センター「職務研究」第312号

熟という尺度も存在しない（職能レベルを定型課業の習熟のように段階評価することはほとんど不可能）。担当者に求められるのは職位に配分されている課業を職務記述書にもとづいて遂行し、成果を出すことにある（契約概念に近い）。したがって、求められている成果を出せない場合は原則不適格となり、担当職位を変更することから、能力考課は存在しないことになる。

②業績（成果・実績・貢献度）考課

〔定型課業で構成される職位従事者〕

　定型課業における成果（業績）とは、与えられた課業を定められたとおりに完了させて、あらかじめ設定された成果をあげることである。成果は巧拙、良否など当該職位担当者によって差が存在するが、企業の定める範囲内であれば受け取る成果物は同価値であり、相違点は、やり直しなども含めた遂行速度のみである。また、巧拙・良否・遅速は習熟度の違いとして別途評価、格付けされ、人事賃金処遇に反映されており、業績考課をすると二重考課になり合理性を欠くことになる。

　したがって、定型課業で構成される職位に対しての業績考課は原則

不必要となる。

〔非定型課業を中心に構成される職位従事者〕

　非定型課業から生み出される成果は、定型課業とは異なり同一ではない。たとえば、新しいビジネスモデルを組み上げるとしても、きわめて大きな利益を組織にもたらすであろう企画案から、ごく限られた利益しか生み出さないであろうものまで相当な違いがある。そこで、職位に配分された課業を通じて生み出した付加価値の大きさによって組織への貢献度を評価することになる。その場合、結果に対する被考課者の納得性を高めるためにも契約概念を取り入れた目標管理とすることが適切である。

　具体的には、評価期間の期初に当該職位に配分されている課業をもとにする目標（数値目標、状態を変革する目標、開発目標、制度企画目標など）を、組織目標達成のための下位目標である個人目標として上司合意のもとに設定し、期末にその達成度を評価し、結果を賃金処遇等に反映させるものである。

③態度・意欲考課（職務行動・執務態度・プロセス・情意などの考課）

　態度・意欲考課を実施することにより、従業員の職務遂行に際しての態度・意欲の変容を促し、成果発現に結びつく行動・姿勢がとられ、その結果として、生産性の向上が期待できる。また、自社の価値観を態度・意欲考課基準とすれば、自社の求める企業風土の醸成を進めることができる。

　具体的には「積極性」（業務遂行意欲、取り組み態度・姿勢、積極性など）、「協調性」（チームワークなど）、「規律性」（社会人、企業人としての規律および服務規律の遵守など）、「責任性」（設定した目標を達成する責任感、意欲など）を評価する。また特に非定型課業を中心とする職位では、業務目標達成行動に表われた行動や姿勢、すなわち成果創出に至る過程での努力度合い、工夫度合いなどのプロセスを

第2章◆仕事・役割を基軸とした人事制度　39

評価し、必ずしも成果結実に至らなかったとしても業績考課を補完し、処遇に反映させる。

❸初任格付け

新規学卒者に対してわが国では一般的に新卒一律就社の形態で採用しているため、入社時点から職務等級制度を適用することは困難であり、一定期間（５年程度）は適用除外とすることが望ましい。

中途採用者に対しては、採用時点の自己申告等のみで当該職位遂行の可否判断が困難な場合は、当初は仮契約とし、半年後くらいに職務遂行状況を評価し、当該等級で採用するか否かを決定するのが現実的である。

2. 役割等級制度

⑴ 役割等級制度とは

役割等級制度とは、職務等級制度と同様に年功や能力ではなく、仕事を基準にした人事制度だが（図表1-9参照）、職務等級制度のように職位を構成する課業があらかじめすべて設定されているわけでもなければ、職務記述書が作成されているわけでもない。遂行しなければならない課業は、図表2-9、図表2-10にみられるように、経営が求める果たすべき役割の複雑度・困難度・責任度に応じた役割段階区分を設定し、これを基準に運用するものである。

そのため職位担当者によっては、あるいはその時々の経営実態により、職位の課業内容の一部が当該役割に即した範囲内で変わることもあるが、基本的には与えられた役割は変わらず、当初に設定された役割序列が社内人事序列となり、対応する役割給が社内の賃金序列となる。したがって配置、異動、昇格、昇級、賃金処遇などを運用する基

図表2-9　T社の一般社員の役割定義例

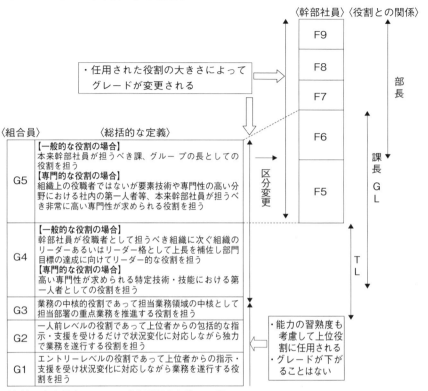

資料：人事賃金センター「事例研究」第549号

準は従業員が果たすべき役割になるので、役割が変わらない限り、原則として昇格、昇級も行なわれない。

　しかし、抽象的な役割記述のみでは、各従業員の格付けを行なうことや、職務を遂行した結果が求められている役割を果たしたか否かを評価することはきわめて困難であり、評価者の個人的主観によらざるをえないため、納得性に欠ける。したがって、求める役割を果たすために必須とされる課業の役割ごとの提示が欠かせず（図表2-11のA社ではグレードごとに当該グレードの主要業務（課業）を提示）、役

図表 2-10　K社の役割等級の定義

等級	定義		等級決定
	ラインポスト	スタッフポスト	
E4	事業部長、本部・室長、事業所長に相当する職責・権限を担うポスト	全社・カンパニーレベルの重要かつ難易度の高い課題に取り組むスタッフ	社長がポストを指定
E3	中核部長に相当する職責を担うポスト	全社・カンパニーレベルの課題に取り組むスタッフ、または事業部・本部レベルの重要かつ難易度の高い課題に取り組むスタッフ	「役割等級の格付け基準」＋人事委員会の協議＋社長の承認
E2	規模の小さい部の部長、または課長に相当する職責を担うポスト	事業部・本部レベルの課題に取り組むスタッフ、または部レベルの重要かつ難易度の高い課題に取り組むスタッフ	
E1	規模の小さい課の課長、または規模の大きい部署の副長に相当する職責を担うポスト	部レベルの課題に取り組むスタッフ、または課レベルの重要かつ難易度の高い課題に取り組むスタッフ	E2以上に該当しないポスト

資料：人事賃金センター「事例研究」第561号

割レベルに対応する課業を設定するために、一定のルールにもとづく職務調査・評価を行なうことが必須となる。この場合、調査・評価の対象となるのは課業である（第5章参照）。

(2)　職位を構成する課業

　職務等級制度が図表2-2で示したとおり、もっとも効率的に経営活動が行なえるよう、一人分の仕事量に相当する一つ、またはいくつかの課業を配分した職位を設定するのに対し、役割等級制度では、職位を構成する課業は原則、固定的なものではなく、求められる役割を果たすために必須な課業を中心に、その時期や時点において必要に応じて選択的に配分され、または自ら職務拡大・職務充実の観点から創出した課業で職位が構成される（図表2-12）。

図表 2-11　A社の人事職種の役割定義例

	グレード定義	役割の特徴（期待する主要役割）	主要業務
G3	〈テーマ開発〉 上位方針にもとづき、付加価値/生産性の高いテーマを自ら創造し、その実現に向けて、後進の育成指導を行ないながら、テーマを企画推進し、完成させる	・所属するグループの主要目標達成に向け、戦略の策定、テーマの立案および、その企画遂行を行なう ・新規および重要度、難易度の高いテーマ、施策の開発と制度設計を自らまたはチームを指導し推進する ・業務報告は所属長が主体であり実績が部の業績に影響する ・後進の育成、指導を行なう	・所属するグループの主要目標策定への参画 ・社内環境／外部環境の分析・課題抽出にもとづく人事制度/施策の改定および推進 ・人材開発戦略、新規人材育成施策立案 ・人事システム／給与システムの全体構築 ・経営要請／労務構成を鑑みた全社要員方針と新規要員施策の立案 ・組織人事計画／配置制度の新規企画立案 ・定期採用戦略の立案 ・人事／評価／給与制度の改定立案 ・新規労務施策手法の立案と構築
G2	〈計画／推進方法立案〉 自己の担当するテーマに対し全体の目的／方向性をとらえ自らの創意で計画／推進方法を企画し、課の基盤となる業務を推進する	・自己の担当するテーマの達成に向け自ら企画し、推進する ・人事、労務制度内容を的確に理解し既存制度、施策の改定案を立案する ・業務報告は所属長、またはリーダーが主体であり、実績が課の業績に大きく影響する ・後進の指導を行なう	・社員要望、法令変更対応による規程改定立案 ・既存研修コースの企画改善立案 ・人事制度運用におけるシステムの改善提案 ・労務構成を鑑みた要員／人件費管理の分析 ・個別採用施策の企画推進 ・既存配置制度の企画改善立案 ・既存評価制度の改善立案と全体推進
G1-2	〈改善実行担当〉 指示された業務の目的を正確にとらえ、自らの創意・工夫により改善を加え、生産性を高めながら実行する	・人事・労務制度を的確に把握し、現状分析したうえで改善を加える ・定例的な人事制度運用を独力で企画推進する ・業務報告は所属長、またはリーダーが主体であり、実績が課の業績とテーマ完成度に影響する	・定例業務における改善計画の策定 ・制度改定方針にもとづいた課題の抽出 ・研修／育成施策の推進と効果検証 ・担当業務におけるシステム操作・運用と効率化実施 ・採用業務の効率的な企画推進 ・組織変更／人事異動にともなう適切な運用と改善
G1-1	定型的な業務に改善を加え、生産性を高めながら推進する	・業務担当として、担当範囲における業務を効率性・生産性を高めながら安定的に推進する ・担当業務において収集した情報を適切に周囲に発信する	・定例業務の改善実行

資料：人事賃金センター「事例研究」第564号

第2章◆仕事・役割を基軸とした人事制度　43

図表 2-12　標準職位を構成する課業

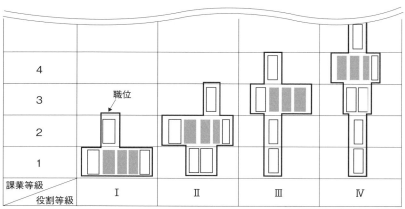

図表 2-13　役割等級Ⅱ級の例

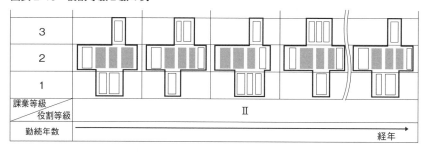

(3) 経年変化による職位を構成する課業（標準モデル）

　職位を構成する課業は、企業が担当者に求める役割を果たすために必須として配分されるほか、本人の経営上の必要性や業務の繁閑、所属の労務構成などにより、別途可変的に配分されたり、自ら創出したりする課業を有することになるので一定ではなく、図表2-13のように役割を果たすために必須な課業以外は随時変化する。

⑷　役割等級制度の人事運用

❶昇進・昇級

　役割等級制度のそれぞれの役割職位は企業経営の必要性にもとづき設定され、明示された役割を果たすことが要請されているので、職務等級制度における職位と同様、役割を果たすべき職位が充足されている限り、昇進・昇級（職位を変更する）は原則として発生しない。

　既存の明示された役割を果たすべき職位に空席が出たり、組織拡大による同一役割職位の増加や組織改変による新しい役割職位が新設された場合に限り、適任者を異動・昇格・昇級させる。ただし、図表2-14にみられるように、能力開発育成を志向し、モチベーションを高める目的をもった運用も、職位を構成する課業が固定化されている職務等級制度と違って可能となる。

図表2-14　L社の抜擢／昇格／格付け変更

役割の変更にともない適正な格付けを行なう

抜擢基準
人材水準が核人材であり、すでに上位役割水準の仕事を担い、十分な実績をあげている
今後のK社を担う人材であり、早期に昇格させるべきと判断された者
⇒面接を含む各種受験課題を実施し判断する

昇格基準（通常受験）
現役割で十分な実績があり、かつ上位役割基準の職務を果たしていると判断された者
⇒面接を含む各種受験課題を実施し判断する

降格基準
現役割での職務遂行レベルが低く、期待される役割を果たせていない
また、今後も現役割で期待される実績をあげることがむずかしいと判断された者
⇒役員・部門・人事による職務内容判断

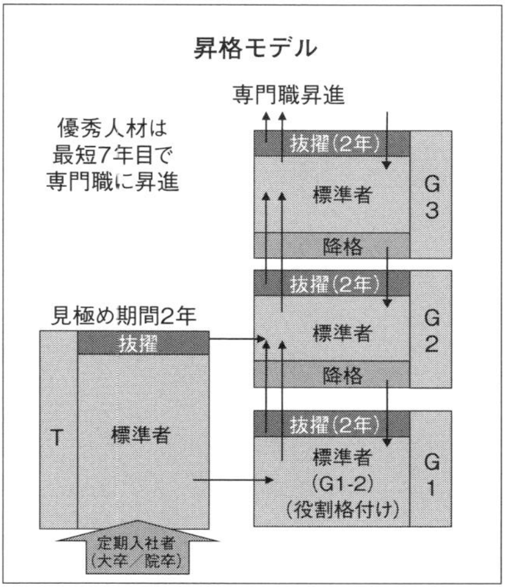

資料：人事賃金センター「事例研究」第564号

昇格対象となる基準は過去の人事考課結果や人材アセスメントが中心になる。この場合、会社からの一方的な異動・配置発令だけではなく、公募制度導入も社員の意欲向上の効果が期待される。

一方、既存の役割が必要なくなり職位が消滅する場合や、職位担当者が役割を果たせず不適格と評価された場合は、新たに異動・配置された役割の役割等級で処遇され、降級になる場合があることは職務等級制度と同様である。

❷人事考課

既述のとおり、役割等級制度における職位は、基本的には担当者の職能レベルから独立して存在するものであり、だれが担当しようとも考課基準は同一で、企業が求める役割を果たしたかどうかが人事考課の対象となる。

したがって人事考課の運用は、職務等級制度と同様である。

❸初任格付け

新規学卒者に対しては、わが国では新卒一律で就社の形態で採用することが多く、職務等級制度と同様に入社時点から役割等級制度適用は困難であり、一定期間（5年程度）は適用除外とすることが望ましい。

また、中途採用者に対しても、職務等級制度と同様に採用時点の自己申告等のみでは当該役割遂行の可否判断が困難な場合は、半年程度は仮契約とし、職務遂行状況を評価後本採用するかどうかを決めるのが現実的である。

3. 職能資格制度

(1) 職能資格制度とは

職能資格制度とは、職務（経営上必要な仕事）の遂行を通じ、発揮

することが要求される能力の程度にもとづき、段階付けされた職能資格により運用する人事制度である（図表1-9参照）。

このため、職位を構成する課業は担当者の職能レベルや組織内の職能構成・要員数などによってまちまちとなり一定ではないが、担当者の職務遂行能力レベルが人事序列となり、対応する職能給が賃金序列となる。すなわち、職能資格制度では職能資格が社内の基本的ステータスとなる。役職は同一レベルにある仕事の一つの役割にすぎない。そうすることで役職と処遇とを弾力的関係とし、管理職の多様化にも適応できる。

なお、ここでいう職務遂行能力とは、職務の遂行を通じ発揮することが要求される能力であり、顕在化された能力となる。また、発揮された能力を考課し、格付けるためには職能資格基準の設定が必要である。

(2) 職能資格基準

職能資格基準とは、職能資格ごとに発揮を期待し要求する職務遂行能力の内容を示したものである。職務遂行能力を保有しているとは、簡単にいえば職位に配分された課業を遂行できるということである。この、課業を遂行する能力を質的な視点でとらえると（職能要素という）、頭脳の働きによる「精神的能力」と手足など体の働きによる「身体的能力」に分類できる。

このうち精神的能力は、職務遂行上必要な「知識」と、課題を発見または理解する能力や発見・理解した課題に対応する能力である「課題対応能力」、社内外関係先と良好な人間関係をつくり上げたり円滑な関係を維持しさらにより一層関係を深める能力である「人間対応能力」で構成され、身体的能力は、課業遂行上必要な「熟練技能」や「五感による判断力」とで構成される。これを概念的に図式化したも

図表 2-15 職能要素の概念

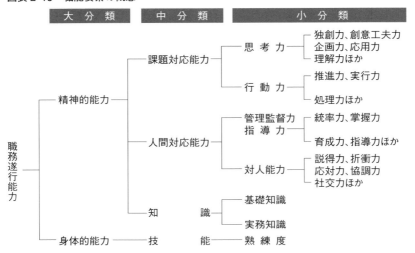

のが図表2-15である。

　ところで課業を遂行するために要求される職能は、これら職能の要素が全部必要とされることもあれば、一部でよいなど、課業の難易度にかかわらずまちまちである。すなわち知識だけあれば完全にその課業を遂行できるものもあれば、人間対応能力の必要がない課業もある。この事実を踏まえて管理監督者は、部下の保有する能力特性に応じて日常の課業配分を行なっているわけである。

　以上のことから考えて、職能資格ごとの基準として、職能の全要素について当該資格相当のレベルを期待し要求することになると、職能資格制度の運用に支障をきたすことになる。そもそも職能資格制度は役割の分化（監督職、専任職、管理職、専門職、スタッフ職など）を前提としており、それぞれの役割をもつ課業は、当然のことながら全職能要素に対して同等レベルの職能が必要とされるわけではない。このようななかで、職能資格ごとに全職能要素について当該資格相当の職能が必要だとすると、ある特定の職能要素に属する職能を有し、そ

図表 2-16　抽象的でわかりにくい職能資格基準（事務職）例

職能資格	知　識・経　験　の　基　準
1　級	事務処理についての具体的な指示を受け、事務処理の一般的な知識および経験を有し、定型的な補助業務を遂行することができる
2　級	事務処理についての具体的な指示を受け、事務処理の高度な知識および経験を有し、補助業務を遂行することができる
3　級	事務処理についての具体的な指示を受け、事務処理のきわめて高度な知識および経験を有し、複雑な補助業務を遂行することができる
4　級	業務遂行についての具体的な指示を受け、基礎的な実務知識を有し、定型的な担当業務を遂行することができる
5　級	業務遂行の方針および処理についての基本的な指示を受け、一般的な実務知識および経験を有し、担当業務を遂行することができる
6　級	業務遂行の方針および処理についての基本的な指示を受け、高度な実務知識および経験を有し、複雑な担当業務を遂行し、定められた範囲の業務については、下級者を指導することができる

図表 2-17　具体的な職能資格基準例　　　　　　　　　　　　　　〔人事職種〕

1級	1．勤怠、雇用、国内出張、給与計算、異動の事務処理ができている 2．人事、労務資料（人事記録、給与総括表、平均賃金等）を作成できている 3．就業規則、労働協約の事務処理の方法についての問い合わせに対して説明ができている 4．外部からの人事労務関係の調査依頼について、方針の範囲内で回答できている 5．交通費、慶弔見舞金等の個別予算の立案ができている 6．準社員、パートタイマーの採用事務ができている
2級	1．外部からの人事労務関係の調査依頼について自己の判断で回答できている 2．指示に従って人件費予算、要員計画の資料が作成できている 3．指示に従って賃上げ、特別手当、労働協約等の資料が作成できている 4．人事、労務のビジネスルールが立案できている 5．労働生産性、適正労務費の分析資料が作成できている 6．労働三法について適用解釈ができている 7．方針にもとづいて職務分析ができている 8．給与計算について、例外事項および内外の所得税法上の問題点を処理できている
3級	1．労働組合との窓口交渉ができている 2．人件費予算の立案およびその総括ができている 3．要員計画、異動計画、賃金計画が立案できている 4．採用（大卒）についての対外折衝ができている 5．要員申請、異動などに関し、各部課と折衝できている 6．経営方針にもとづき、労務管理方針を立案できている

第２章◆仕事・役割を基軸とした人事制度　49

図表 2-18　M社の職能資格基準例

	副参事	主任
具体的業務との対応関係（代表事例）	○法律関係の調査・研究と助言 ・経営活動全般に関する法令・判例などの総合的分析・検討にもとづく法律的側面からの会社の採るべき諸施策の助言 ・重要かつ複雑な法律問題に関する社内外からの照会事項に対する調査・研究と助言 ○争訟などに関する業務 ・社内外関係先との協議、調査の統括にもとづく重要かつ複雑な係争事件の解決手段の検討と助言および顧問弁護士との連絡・調整 ○株主総会関係業務 ・関係法令、経営諸活動、株主、主務官庁の動向などの調査・分析の統括と想定議案、営業報告書、そのほかに重要書類全般に関する助言 ・確定議案にもとづく想定される諸問題の事前対策の検討と助言 ○顧問弁護士に関する業務 ・顧問弁護士関連業務の統括 ○工業所有権に関する業務 ・日常管理業務の統括と権利保全に関する管理体制の整備・改善の助言 ○社規の管理 ・社規の新設・改廃の立案 ・社規の解釈運用および社内諸規定の新設・改廃に関する助言 ○庶務関係諸施策の検討・実施 ・文書管理制度、全社的事務通信機器の導入改善のための調査・研究と基本方針の策定 ・上記に関する実施のための基本計画の立案、社内外との主たる折衝、場所への説明・助言 ・本店の事務能率向上のための基本的かつ複雑な諸施策に関する基本計画の立案と実施の統括 ・重要な全社的行事（社葬・工場披露など）に関する基本計画の立案と実施の統括 ・本店事務所の警備・防災対策の立案と実施の統括	○法律関係の調査・研究と助言 ・経営活動全般に関する法令・判例などの調査・分析とこれらの管理体制の整備改善に関する助言 ・契約その他の法律問題に関する日常的な照会事項に対する調査・研究と助言 ○争訟などに関する業務 ・係争事件に関する事実関係資料の収集・整理および学説・判例などの調査・分析による上級者援助 ・比較的軽易な係争事件についての解決手段の検討と助言および弁護士との連絡・調整 ○株主総会関係業務 ・関係法令、経営諸活動、他社事例の調査・分析と営業報告書、株主総会議事録、その他法定書類などの起案および法定書類の印刷作成の統括 ・株主総会の運営に必要な議事進行次第、その他庶務事項の立案と取りまとめ ○工業所有権に関する業務 ・商標権・意匠権の得喪管理事務の統括 ・弁護士との連絡にもとづく工業所有権全般の管理 ○申請・届出事務の統括 ・酒類製造・販売免許、増資届出・有価証券報告書など諸申請に関する折衝・助言および関連事務の統括 ○庶務関係諸施策の検討・実施 ・文書管理制度、全社的事務通信機器の導入・改善に関する細部計画の策定と助言および場所に対する連絡・説明 ・本店内事務通信機器の導入・改善に関する具体案の策定と実施の推進 ・本店内文書管理の改善推進のための対策の立案と実施、関係者に対する指導・教育 ・庶務課各職場（受付、交換、用務など）の業務状況の把握とその改善策の検討・助言 ・本店事務所の保安・警備、清掃、衛生管理に関する改善策の検討およびビル管理会社との折衝

50

	職種	総　　務

副主任	主事	書記
○法律情報の収集・整備および助言 ・日常の経営活動に必要な法令・判例などの調査、各種情報の収集と管理および社内関係先への提供 ・比較的定型的な契約書の立案、その他比較的軽易な法的照会事項に関する検討 ○法的書類の整備と申請・届出事務 ・指示にもとづく株主総会関係書類、酒類製造・販売免許、商業登記、有価証券報告書などの申請・届出書類の作成と申請・届出 ○工業所有権に関する業務 ・指示にもとづく個別案件の調査、資料の収集および工業所有権全般の手続き事務 ○社印・役印の管理および捺印管理体制などに関する統括 ○庶務関係業務の実施 ・指示にもとづく文書管理制度、全社的事務通信機器などの運営に関する統括業務の実施 ・指示にもとづく本店内事務通信機器の導入・改善に関する調査・検討と細部事項の計画・実施 ・本店文書管理、事務通信機器の管理、事務所管理に関する定常的業務の実施 ・庶務関係業務に関する社内関係先との日常的な協議・調整、照会に対する説明、通信文書の作成 ・庶務課内の定型的業務の段取りと取りまとめ	○本店庶務業務 ・本店文書管理に関する運営と簡単な照会に対する説明 ・本店における土地・建物・什器・用度品などについての定型的管理業務および簡単な照会に対する説明（机、椅子、キャビネットなどの購入手続きなど） ○販簿類の記帳と諸手続き事務 ・社印・役印の管理、捺印依頼書類の形式審査および捺印手続き事務 ・工業所有権の得喪・管理に付帯する支払い関係手続き ・公報・出願速報その他の調査と台帳の整理 ・定型的な契約書の作成（賃貸借契約書の改定にともなうものなど） ・不動産得喪に関する重要文書の分類・整理 ○受発信、受付、電話交換、印刷、通信、和文タイプ ・各業務について例外的内容を含む複雑な問題が発生した場合の処理 ○株式関係事務 ・株主などからの事務処理に関する各種照会事項に対する応答・説明および必要に応じた名義書換代理人への連絡・取り次ぎ ・各種手数料・立替金税の支払い事務（名義書換代理人、配当金等取扱銀行の取扱手数料、証券取引所の割賦金・上場手数料・配当金源泉徴収所得税など）	○本店庶務業務 ・本店における土地・建物・什器・用度品などについての定型的管理業務（台帳・カードの作成、会議室使用の受付、本社ビル管理手数料、社宅・寮の電話料金支払い請求など） ・本店の事務用消耗品、書籍などの簡易購買・受け払い事務 ○諸手続き事務 ・商業登記簿の謄・抄本の請求手続き事務および保管・整理 ・各種法務情報の分類・整理および保管 ○受発信、受付、電話交換、印刷、通信、和文タイプ ・各業務について所定要領にもとづく日常的業務 ○株式関係事務 ・名義書換代理人への日常定型的な事務連絡 ・株主などからの簡単な各種照会事項に対する応答・説明および依頼事項についての名義書換代理人への連絡・取り次ぎ ・配当金支払いに関する定型的事務手続き ・定型的な社内外向け報告書・統計資料の作成 ○課内庶務業務 ・受発信事務および原稿の浄書、コピー ・文書の配布・回覧・整理・保管（ファイリングクラークとしての業務） ・事務用品の請求・保管、書棚・会議室などの整理 ・来客に対する接遇

第2章◆仕事・役割を基軸とした人事制度　51

	副参事	主任
具体的業務との対応関係（代表事例）	○賛助および渉外業務 ・各種賛助依頼に対する折衝と対策の立案 ・官公庁、関係各社、地域住民との折衝および会合・行事への出席 ○不動産関係法規類の調査・研究 ・不動産関係の重要な法規・判例などの体系的調査・研究と動向の把握 ・社内外関係先に対する不動産に関する処置・対策の助言と重要な法規運用上の疑義の解決 ○不動産の得喪・管理 ・重要な不動産得喪に関する問題点の検討と対策の助言、実施方法、日程などの大綱計画の立案、地主、関係官公庁との主たる折衝、社内関係先との連絡・調整、契約書などの立案、必要手続きの実施 ・重要な不動産得喪に関する場所の統括と指導・助言 ・全社的不動産得喪・管理状況の把握、管理方針・方法の改善に関する助言、関係社内諸規定の改善 ○所有不動産の開発 ・遊休不動産の調査と有効活用のための開発計画の企画・立案および実施の推進 ○株式事務委託機関の指導・監督 ・委託機関に対する連絡・指導・監督による株式関係業務の円滑な推進 ○株式業務の統括 ・株主あて各種書類送付、配当金の支払い、新株式発行などの業務、その他株主管理業務の統括 ○株式関係業務、事故発生時の問題解決 ・株式に関する高度な知識・判断を要する照会事項に対する回答・助言 ・複雑かつ判断を要する事故発生に際しての処置 ○株式業務に関する調査・研究 ・関係法令・文献の調査、他社情報の収集などによる株式業務に関する専門的研究および株式業務の合理化など諸改善の立案と助言	○社内諸行事に関する業務 ・本店内庶務関係諸行事（年末・年始など）に関する実施計画の立案と実施の取りまとめ ・工場披露、社葬など重要な全社的行事の計画実施に関する上級者の補佐 ・中元・歳暮などに関する本店内の取りまとめ ○賛助および渉外業務 ・定例的賛助依頼に対する応対と対策の助言 ・警察署、消防署、地域社会に対する連絡・折衝 ○不動産関係法規類の調査・研究 ・不動産関係情報・資料の調査・分析と問題点の調査 ・不動産関係法規の運用に関する疑義の照会に対する助言 ○不動産の得喪・管理 ・比較的軽易なまたは類似例のある不動産得喪計画についての調査・研究、問題点の検討および対策の助言 ・賃貸借など比較的軽易な条件に関する計画と実施 ・不動産得喪管理に必要な事務手続きの統括と関係場所への指導・助言、社内諸規定改善の補助 ○所有不動産の開発 ・小規模な遊休不動産の調査と開発計画の立案実施 ○株式事務委託機関の指導・監督 ・名義書換代理人、配当金支払い取扱銀行に対する委託業務に関する諸報告の確認と必要指示 ○株式業務の統括 ・株主あて各種送付書類の印刷・発送、配当金支払い、株主名簿閉鎖、株主総会委任状の回収・集計、新株式発行、予備株券の管理に関する社内外関係者との打ち合わせ・連絡・指示 ○株主関係業務、事故発生時の問題解決 ・株式に関する経常的な照会事項に対する回答 ・株式関係書類の配達の遅延・未着などの事故処理 ○株式業務に関する調査・研究 ・株式業務に関する法律問題、事務合理化などの調査・検討

副主任	主事	書記
○不動産関係法規類の調査・研究 ・指示にもとづく定例的基礎的不動産情報の収集・整理および問題点の分析・整理 ○不動産の得喪管理 ・不動産得喪計画に関する調査・研究、問題点の検討についての上級者補助 ・不動産の得喪業務に関する上級者補助 ・総務部が直接管理する不動産に関する日常的管理業務（管理業者、テナントなどとの連絡・調整など）の実施 ○株式業務の統括 ・株式業務の統括に関する上級者補助 ○株式関係業務 ・株式に関する比較的簡単な照会事項に対する回答 ○株式業務に関する調査・研究 ・指示にもとづく株式業務に関する法令・文献の調査、他社情報の収集・整理 ○オフセット印刷業務 ・所定の操作要領にもとづくオフセット印刷機による印刷 ・整備基準にもとづくオフセット印刷機器の日常の点検・整備 ○印刷業務の改善に関する調査・研究 ・印刷機器の効果的・能率的な活用に関する調査・研究	○オフセット印刷業務 ・所定の操作要領にもとづくオフセット印刷機による印刷業務に関する上級者補助 ・整備基準にもとづくオフセット印刷機器の整備に関する上級者補助 ○課内庶務業務 ・課内庶務業務遂行上の問題点の把握と上級者への報告 ・課内庶務業務の取りまとめ	

第2章◆仕事・役割を基軸とした人事制度　53

図表 2-19　O社の職能基準書

業務		1．運　　転	2．PMパトロール 工程パトロール	3．外注作業管理
課業	執務	○設備の運転操作 ○危険物の取扱（生石灰、脂肪、重油、DEGなど） ○在庫測定（調合原料、クリンカ、セメントなど） ○運転データの記録と整理 ○作業標準書の作成、改廃の補助	○主機の点検、給油および異常の報告 ○一般機器の点検、給油、異常処置、報告および記録 ○PMパトロール記録のまとめと分析 ○工程パトロールの実施、記録および報告 ○工程パトロール記録のまとめと分析	
	主任	○設備の運転操作の指導と教育 ○設備停止の判断および関係先への連絡 ○運転状況の把握と異常時の処置 ○運転データの解析 ○作業標準書の作成、改廃および係員への教育 ○公害発生時の処理と連絡	○主機の異常処置、関係先への連絡および記録 ○基準書（保全カレンダーおよび潤滑カレンダー）の作成、改廃および係員への教育 ○工程改善および再発防止のための調査 ○一般機器異常の再発防止対策の検討および立案	○外注修理・請負作業の指導、監督および検収 ○外注修理支給材料の手配 ○修繕費、請負労務費予算消化状況のチェックと意見具申 ○工事注文書の作成
	技師	○運転状況の分析と改善対策の検討および立案 ○標準原単位等運転管理目標の検討および立案 ○作業標準書作成の指導	○主機異常の再発防止対策、改善案等の検討および立案 ○基準書作成の指導 ○管理指導、重点実施項目等の検討および立案 ○工程改善の検討、立案および指導 ○データの解析と問題点の抽出	○大型設備および一連のプラントの検収 ○外注作業の合理化、効率化などの検討および立案 ○外注工事見積チェック ○固定費予算の実績の把握と予算の作成

4．修理作業	5．予備品管理	6．TQC、QCC教育	7．図面、図書管理	8．安全、公害
○設備の点検、修理作業（改善を含む）、その結果についての記録、報告 ○簡単な製図	○資材の受領および保管	○QCサークル活動に関する資料の整理 ○教育に関する資料の整理	○図面、図書の整理	○安全、公害に関する資料の整理
○修理作業での安全対策の検討と準備 ○修理作業計画の立案と保全費の見積 ○修理作業の他部署との事前の打合せおよび調整 ○簡単な設計製図 ○修理推進状況のチェック	○予備品台帳の作成、在庫調整および発注 ○耐火物の在庫調査および購入依頼書の作成	○TQC方針および活動についての記録 ○QCサークル活動の指導と援助 ○教育資料、テキストの作成と教育実施		○安全、公害に関する係員の指導
○安全作業計画の立案と指導 ○修理計画作成の指導 ○定期点検、精密点検などの指導 ○他課にまたがる修理工程の調整	○予備品適正在庫量の検討および立案	○係ＴＱＣ方針、QCサークル活動方針の立案 ○係員教育計画の立案および推進	○図面、図書の管理方針の検討および立案 ○管理状況のチェックおよび指導	○係の安全管理、公害防止方針の検討と立案

第2章◆仕事・役割を基軸とした人事制度　55

の特定の職能を必要とする難易度の高い課業を遂行できる者であっても、担当課業には必要のないほかの職能要素に属する職能を有していなければ昇格の対象にならないことになる。

　したがって職能資格基準としては、図表2-16にあげたような評価が困難な抽象的な基準ではなく、各職位に配分されている課業（必要な職能は要素ごとにそれぞれ異なる）そのものに着目し、どのような課業が遂行できればどの職能資格に相当するかを明らかにするほうが合理的である。

　また職能資格基準としての課業表示は、図表2-17に示すように「～ができている（該当課業を独力で完全に遂行できている）」という表現になる（この表現は基準を簡素化するため省略し、課業名のみの表示にする場合も多い。図表2-18、図表2-19は課業名のみによる表示例）。この場合、顕在能力を評価することが前提となるので、「できる」とか「有する」といった表現ではなく「できている」という表現にしなければならない。

　なお、職能レベルに対応する課業の段階区分を設定するために、一定のルールにもとづく職務調査・評価を行なうことが必須となる（第5章参照）。

⑶　職能資格制度を軸とするトータル人事管理システムの構築

　人事管理は、経営を構成する重要な要素の一つであり、人材の把握、人件費の見通し、中長期の人員計画など、経営上の判断に直接影響を及ぼすものである。職能資格制度は、その目的と役割が人事管理体系の中心に位置づけられる。

　職能資格は職位に配分される課業を基礎として、発揮することを要求される職務遂行能力の段階区分である。その職能資格を基準として従業員の配置や異動、職能開発・育成を行ない、従業員の職務遂行能

図表 2-20　職能資格制度を軸とするトータル人事管理システム

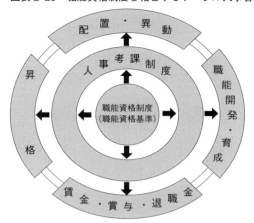

力の発揮度・伸長度に応じて資格や賃金、賞与・退職金などに反映させるのが職能資格制度の具体的な運用である。すなわち、職能資格制度を中軸として、社内人事序列や賃金処遇など人事管理を構成するそれぞれの制度が機能的に展開されることになる。

職能資格制度を導入する場合、このように職能資格制度を軸として、人事考課を通じ従業員の配置や異動、能力開発・育成、賃金や賞与・退職金などを相互に関連させながら、総合的な制度とし構築するのが特徴である。

以上を概念図として示したものが図表2-20である。

(4)　標準職位を構成する課業

職能資格制度においては、職位担当者の職能資格に該当する課業を中心に配分することがもっとも適切な課業構成になる。しかし職能資格制度が、配分される課業レベルを高度化し、あるいは異動により異種職能を習得することを通じた職能開発や育成、人材の活用を前提としていることから、同一職能資格に格付けされていても当該資格に求

図表 2-21　各職能資格職位に配分される課業

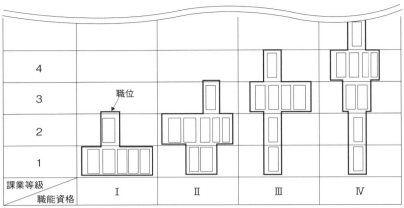

注：□は単位組織内の労務構成や本人の職能伸長度合い、異動による職能レベルの低下、業務繁閑状態などにより必要がある場合、随時、可変的に配分される課業

められる職能発揮を求めることはできない。格付けされた職能資格内においても高低の差が存在するためである。そこで、従事時点での職能資格内での位置づけに応じて課業が配分され、構成される課業は定まったものではなくフレキシブルなものとなる。

図表2-21は各職能資格職位に配分される課業例である。職能の無駄使いがなく理想的な例であり、部下に課業を配分する管理監督者はこの配分をめざしたい。

(5) 経年変化により変化する職位を構成する課業（標準モデル）

職位を構成する課業は、担当者の職能の伸長に合わせて、能力開発・育成を目的に、配分をフレキシブルに変化させることが求められるので、図表2-22に示すように同一職能資格内においても職位担当者の職能の伸長に応じて課業配分を変化させることになる。

たとえば、職能資格Ⅱ級の場合でも、昇格当初は課業等級2級の課業配分は多くないが、職能の伸長に応じて2級の課業がより多く配分

図表 2-22 職能資格Ⅱ級の例

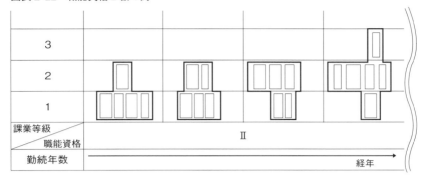

されるようになり、さらに1つ上の3級の課業もチャレンジさせるために配分するケースも出てくる。このように職能資格制度は、職務等級制度と異なりフレキシブルに課業を配分できるところが大きな特徴になる。

(6) 職能資格制度の人事運用
❶昇格・配置・異動と職能開発・育成
　職務等級制度や役割等級制度では、すでにみたとおり上位等級に該当する職位につくことが昇級である。つまり上位等級の職位が新たにできるか、空きがない限りは原則として昇級はない。
　これに対して職能資格制度では、職務遂行能力の発揮・伸長が認められれば昇格が行なわれる。さらに、配置・異動は能力開発・育成計画にもとづきジョブローテーションのもとで自由に行なうことが可能である。このため、一度認定された職能資格は異動先での職位を遂行するために必要な職能を保有していなくても降格されることはない。職能資格は全社的な視点で認定されているものであり、仮に、一定期間後も新しい職位遂行に不適格な場合は、元の職位に戻せば職能発揮が可能だからである。

もっとも、職能資格制度の運用を通じて部下の能力や意欲を把握しただけで職能開発や育成にあたるのでは、焦点のずれた無駄な努力になる可能性がある。当該職位に対して能力特性から不向きな者、性格的に合わない者、価値観の違いにより昇格意欲のない者などまちまちなのが現実であり、これらの者に対して一律に指導・助言したり、研修に参加させても効果は薄い。この無駄を省き、効率的に職能開発や育成を進めるためには、能力や意欲などに関する人事情報を、人事考課を仲介して得るだけではなく、適性試験、指導経過の記録、自己申告による本人の希望や考え方の確認などにより、総合的に適・不適を判定のうえ、職能開発や育成の方向づけをすることが肝要である。

❷人事考課

①層内昇格

　昇格にあたっては、現在、格付けられている職能資格の基準を満たしていると認定したうえで、さらに現職能資格の直近上位の職能資格に該当する課業を担当していることをもって候補者とする（図表2-23）。そして上位の職能資格の基準を満たす（直近上位職能資格に評価格付けされている課業を要求するとおり遂行できている）ことができるか否かを評価（能力考課）し、上位職能資格の基準を満たす（求める基準で課業を遂行できている）と認定された場合、昇格の最低必要条件を満たすことになる。

　候補者が担当する直近上位の職能資格に該当する課業の量は業種、業態、企業規模などによって異なるが、実態を考慮して課業数で何個以上とか、全課業に対する当該課業遂行に携わる時間比が何％以上などと定めるとよい。この場合、職場によっては上位職能資格に該当する課業があまりなく、規定量の課業配分ができず不公平だという不満が出る可能性がある。しかしレベルの高い課業がそれほど多く存在しない職場に職能の高い従業員を配置しておくとすればそのほうが問題

図表 2-23　課業配分の実態と職能資格への個人格付け

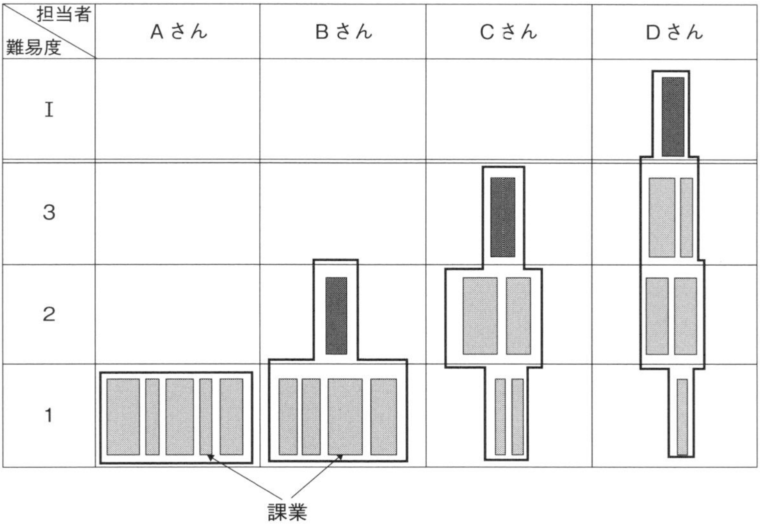

難易度＼担当者	Ａさん	Ｂさん	Ｃさん	Ｄさん
Ⅰ				
3				
2				
1				

課業

注：■■■■■は職能資格への昇格の際、対象となる課業

であり、昇格機会の創出は異動によって解決すべきである。

　また、直近上位に該当する課業の遂行能力を前提条件とすると、異動により昇格に遅れが生じ損失だとする不満が出るおそれがある。企業は能力開発・育成の目的をもって異動を行なうものであり、異動が損失と受け取られることは好ましくない。そこで、監督職レベルの職能資格や管理職レベルの資格に昇格するためには企業が定める異動経験を絶対条件として定めることで対応する（たとえば、監督職の資格に昇格するには、部門を越えた異動経験が少なくとも１回以上、管理職の資格に昇格するには、部門を越えた異動経験が少なくとも２回以上ないとならない、など）。

　職務遂行能力の程度と発揮度を把握しようとする場合、基本的には能力考課をもとに判断し、かつそれが昇格の前提条件となるが、集団で協働する日本的組織風土や国民気質から、単に職能があるというだ

第２章◆仕事・役割を基軸とした人事制度　61

けで昇格を決定するなら、人的序列が心的に不安定になり、もてる職能の発揮が抑制されることもまま生ずる。そこで昇格認定には能力考課に加えて、業績考課と態度・意欲考課の結果も条件とする必要がある。これは、職位に配分された課業遂行結果はもとより、過去の業績考課、情意考課についても会社が定める基準をクリアしてはじめて十分条件を満たし昇格が認定されることになる。

②層間昇格

　下位の職能資格から上位の職能資格への昇格、たとえば一般職層から管理職層への昇格など、該当する職能資格に質的に相違のある課業が多い層間昇格については、層内昇格要件に加えて別途、求める条件をクリアすることが求められる。

　すなわち、一般職能資格層は、その果たす役割・責任として上司・上位者の指示や指導にもとづき、一定範囲の業務を定まった手続きに従い遂行することが求められるのに対し、監督指導職能資格層のそれは、上司・上位者の指示にもとづき、一定範囲の業務を自ら直接または下位者に指示・指導して遂行することが求められる。さらに管理専門職能資格層になると、組織の長として組織の分掌業務を組織成員である下位者を通じて遂行するか、または特定分野の高度専門的な業務を自ら直接または下位者に対して指示・指導して遂行することが主たる役割・責任として求められるようになる。このように、各層の期待役割や責任には大きな差異があり、しかも上・下の役割や責任の間には連続性がみられない。

　このように層間昇格では、昇格後担当させるべき課業の質が多くの場合異なる。なかには下位職能資格層と同質の課業も存在し、層内昇格と同様な課業配分も可能ではあるが、これは昇格後に期待し要求する職能の一部にしかすぎず、ほかの異質の課業を遂行する能力の習得の可能性を推測することには無理がある。

そこで昇格後に配分されるであろう異質の課業遂行能力の習得の可能性を推測するために、昇格試験、昇格前研修、通信教育、レポート・論文審査、面接審査などの補助手段を用いて認定の的確さを高めることが肝要といえる。

❸初任格付け

新規学卒者に対しては、わが国では新卒一律で就社の形態で採用しているため、他の人事制度と同様に入社時点で職能資格を認定して格付けることは困難であり、学歴ごとに初任資格に格付けせざるをえない。また、採用時点の自己申告等のみでの判断が困難な中途採用者にあっては、半年程度は仮契約とし、職能の発揮状況を考課し格付け・本採用するのが現実的である。

第3章

仕事・貢献度基準の賃金制度の設計

1. 全社一律型から多立型賃金体系へ

　賃金体系の今後の方向性としては、第１章でも述べたように、いわゆる年功序列型から、仕事や役割、そして貢献度（成果）を基軸とした体系へと転換していくことが望ましく、「職務」と「成果」の２つの軸で賃金を決めていく必要がある。この場合、特に留意しなければならないのが、職務と成果とが密接に関連していること、すなわち成果の質や出方・表われ方が各社員の従事する職務内容によって、大きく異なるという点である。

　具体例をあげると、新車を１ヵ月に10台販売した営業社員と５台しか販売できなかった社員とでは、成果の違いは２倍であり、それは利益を含めて具体的な数字で測ることができる。一方、その営業を支援している事務社員や経理社員の成果は、契約書や伝票を間違いなく期日までに作成できたかなどであり、ここでの主な成果は、数字で表わされる販売台数などではなく、あくまで契約書や伝票の作成であって、担当者による差異はない。異なるのは、業務遂行の正確性やスピードという習熟の差である。

　営業社員と事務社員とでは仕事の内容はもちろんのこと、成果の質や出方・表われ方が大きく異なる。したがって、営業社員と事務社員とを同じ物差しで処遇するのではなく、「仕事」と「成果」の質や表われ方の違いに応じて、賃金体系を別建てにするのが、もっとも納得性のある方法といえる。

　ただし、管理職と非管理職で賃金体系を別建てにしている企業は多いが、職務系統や職種ごとに体系を別建てにしているケースはいまだ少ない。しかしながら、バブル崩壊後、賃金水準の大幅な拡大が望め

ず、全従業員の給料を足並みそろえてアップすることが不可能な今日、限られた人件費をいかに公正に配分するかが重要となっている。納得性・公正性の高い基準により給料が決定されなければ、従業員の納得を得ることはできずモラールの低下を招きかねない。

　以上の点から、全従業員一律の賃金体系のままでは限界なことは明らかであり、「成果」の質の違いの観点から、社内の「職務」を職種や職掌ごとに区分し、その職務にもっともふさわしい多立型の賃金体系（職務形態別賃金体系）を導入することが望まれる。

　そこで、基本的な職務区分である「定型的職務」と「非定型的職務」の2つに分けて、それぞれの職務にふさわしい賃金体系を検討していきたい。

2. 定型的職務と非定型的職務の賃金体系

(1) 定型的職務と非定型的職務

　定型的職務とは、現業技能職やオフィスの事務職、保安・警備の業務、狭い範囲の店内販売や接客、コンピュータ操作など、「基本的に定められた手順や判断により製品やサービスなどの成果物をアウトプットする職務」をいう。成果（物）があらかじめ設定されており、定められた手順方法に従って遂行する職務であり、「正確性と効率性（スピード）」が求められる。

　たとえば、お弁当屋の弁当盛付け業務では、決められたおかずを、決められた位置に、決められた量を盛り付けることが成果として認められる。ここでは、自己の判断で勝手におかずの内容や盛付け位置、量を変更したりすることは許されない。もちろん、作業方法を改善するなどして正確性や効率性をアップさせ、成果の向上をはかることは

第3章◆仕事・貢献度基準の賃金制度の設計　67

大事だが、それは別の職務となる。

　一方、非定型的職務とは、研究・開発の業務や管理・企画・営業など、「個々人のもつ課題解決力・達成能力により、効率化をはかり、付加価値を増大したり、新たな利益につながるシステムを開発したり、既存のシステムを更新したりする職務」である。定型的職務とは異なり、成果はあらかじめ設定されておらず、担当者の能力（発揮度合い）によって成果業績に大きな差異が生じる。

　たとえば、新商品の開発の職務は、だれが担当になったとしても新商品の開発という職務自体はまったく同じだが、担当者の能力や情報・知識の多寡によっては大ヒット商品となり、会社に大きな貢献を与える者もいれば、まったく売れずに多額の損失を与えてしまう者もいる。これらの職務に求められる成果は、「独創性と完璧性」である。

　独創性については、それまでの方法や標準化された手段を当てはめても通用しないケースがほとんどであり、高度・広範な知識と展開能力、判断力を用いて、自ら新しい方法や手段を開発しなければならない。したがって、単なる習熟の長さよりも個人の能力、いわば独創力に左右される側面が大きい。一方、完璧性は、たとえば人事企画担当者が新しい人事制度を企画立案し、導入しようという場合、単に導入して終わりではなく、新制度がきちんと機能し、運用されるようシステムを構築する必要がある。

　以上のような点から、非定型的職務の成果とは、「むずかしい課題・職責に対し、いかに有効かつ行き届いた結果を出しているか」で評価されることになる。

　このように、定型的職務と非定型的職務とでは、評価すべき成果の質や表われ方が大きく異なる。したがって、それぞれの職務に適した賃金体系を導入すべきであり、成果の質や表われ方の違いを反映した

賃金項目や昇給方法を検討し、導入することが望まれる。

そこで以下では、定型的職務と非定型的職務の各職務群にふさわしい賃金体系について考察する。

(2)　定型的職務の賃金体系例

定型的職務では、当該職務を遂行するに際して、その職務を速く、正確に完了させることが最高の成果であり、それを超える成果は通常、考えられない。したがってそれぞれの職務価値に対応した賃金を定める職務給がもっともふさわしい。

職務給は、職務内容に変更が生じるごとに職務分析を行なわなくてはならず、デメリットとして煩雑、他職務へのローテーションがしにくい、従業員の能力開発のインセンティブが低い、などがあるといわれるが、技能レベルもしくは習熟レベルが同じであれば賃金は同じであり、一つの職務を続けている限り毎年人件費が自動的に上昇する仕組みとはならないので、企業にとっては原資のコントロールが容易になる。

なお実際の賃金体系の設計にあたっては、賃金に習熟度反映の有無を考慮する必要があるため、定型的職務を以下の2つの職務群に分けて、賃金体系を例示する。

❶習熟度合いによって職務遂行速度や正確性が異なる定型的職務群

基本的賃金項目は、次のいずれかである。

◆職務給（単一型）＋習熟給（積み上げ型）

◆職務給（単一型）＋習熟ランク給（習熟レベル別定額）

定型的職務のなかでもっとも一般的な職務が、一般事務職や現業技能職、販売職等である。これらの職務にとっての成果とは、その職務を速く、正確に完了させることであり、職務の内容自体は、人によって、あるいは時期によって大きく変動することはない。そのため、基

第3章◆仕事・貢献度基準の賃金制度の設計　69

図表 3-1　職務給（単一型）＋習熟給（積み上げ型）のイメージ

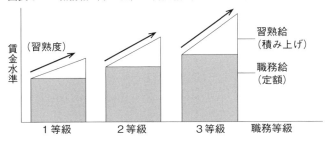

本的な賃金項目は、「職務給＋習熟給」がもっとも適切である（図表3-1）。この場合、職務給は、各個人が従事する職務の価値を反映した賃金であり、従事する人による差は生じない。また習熟給は成果部分の正確性や効率性などが習熟度合いで異なってくることから、従事する人の習熟度を反映するものとして加えるものである。

　なお職務給は、通常「同じ仕事であれば、だれが従事しても同じ賃金」を原則とすることから、シングルレート（単一型）である。そのうえで、個々人の成果の違いを習熟給でみることになる。習熟給については、加齢や障害による肉体的な衰えや能力低下を除けば、習熟度が低下することは通常は考えにくいため、習熟の伸長度を昇給に反映した積み上げ型の賃金となる。ただし、習熟給が永遠に上がり続けることはありえない。たとえばデータをPCに入力する作業を考えると、いくら習熟して入力スピードがアップしたからといっても、0秒になることはない。したがって、当該職務において想定される最大の習熟状態を勘案して、合理的な習熟給の上限を設定することになる（図表3-2）。

　このようなことから、習熟度の違いが成果の違いに大きく反映する職務の場合は習熟給の格差を大きくし、逆に1～2年でだれもが一定レベルの習熟に到達するような職務では、習熟給の格差を小さく設定することが考えられる。一般的には、職務等級が低い（職務価値が小

図表 3-2　職務給（単一型）＋習熟給（積み上げ型）の賃金表例

職務等級	職務給	習熟給	合計
1等級	150,000	0	150,000
		1,000	151,000
		2,000	152,000
		3,000	153,000
		4,000	154,000
		5,000	155,000
		6,000	156,000
		7,000	157,000
		〜	〜
		20,000	170,000
		以降昇給なし	
2等級	170,000	0	170,000
		1,500	171,500
		3,000	173,000
		〜	〜
		30,000	200,000
		以降昇給なし	
3等級	200,000	0	200,000
⋮			

習熟度	昇号
A＝きわめて高い習熟がみられた	3
B＝高い習熟がみられた	2
C＝ある程度の習熟はみられた	1
D＝ほとんど習熟はみられなかった	0

さい）ときには習熟による格差も小さく、高くなると習熟による格差
も大きくなるケースが多い。

　また、当該職務に従事してしばらくは、未熟練の状況から一気に習
熟してスピードや正確性が向上することが多いが、ある程度習熟する
と、それ以上はなかなか大きく向上しないのが普通である。したがっ
て習熟給の昇給カーブも徐々に逓減し、上限に到達したらそれ以上は
昇給しない体系とすることも考えられる（図表3-3）。

　なお、職務給と習熟給を一緒にして範囲職務給とすることは、同一
職務同一賃金という職務給の原則に反し、適切でない。職務給と習熟
給を明確に分けることにより、仕事の価値としての職務給と、それを
ベースとした昇給の意味（習熟給であれば習熟度の向上）が明確にな
り、従業員にとっても非常にわかりやすく納得性も高まる。また、賞
与や退職金の基礎給とする場合にも、賃金項目の内容に応じて使い分

第3章◆仕事・貢献度基準の賃金制度の設計　71

図表3-3　習熟給テーブルの例

職務等級	習熟給	号俸間ピッチ
3等級	0	―
	1,000	1,000
	2,000	1,000
	3,000	1,000
	4,000	1,000
	5,000	1,000
	5,500	500
	6,000	500
	6,500	500
	7,000	500
	7,300	300
	7,600	300
	7,900	300
	8,200	300
	以降昇給なし	―

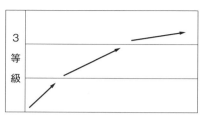

けることが可能となる。

　図表3-4は、職務給と職能習熟給を導入しているJ社の例（一般職）である。J社は各従業員が従事している仕事の大きさで職務等級を区分し、当該等級の職務給（シングルレート）を支給するとともに、仕事の習熟度によって、職能習熟給を支給している。

　職能習熟給は、号俸型の賃金テーブルは使用せず、昇給表を使用して、毎年の人事考課によって昇給額が0円を含み変動する積み上げ型となっている。職能習熟給が各等級の職能習熟給表の上限額にまで達したら、それ以上はいくら人事考課がよくても昇給せず、頭打ちとなる。なお日本では、上位等級の職務が未熟練でも育成の観点から昇級させる場合があるが、本来は上位職務は未熟練であることから、これまで累積した職能習熟給はリセットされる。賃金が減額になる場合は、そのまま同じ職能習熟給額を引き継ぐほうが現実的である。

　J社が賃金テーブルではなく昇給表で管理するのは、賃金テーブルには、いったんテーブルを定めるとそれを変更しがたいという問題点があるからである。どこか1ヵ所を変更しただけでも、それがほかの

図表 3-4　J社の職務給・職能習熟給表と職能習熟給昇給表

〈職務給・職能習熟給表〉

職務等級	職務給	職能習熟給
3級	230,000円	0 ～ 90,000円
2級	200,000円	0 ～ 30,000円
1級	190,000円	0 ～ 20,000円

〈職能習熟給昇給表〉

職務等級	総合人事考課				
	S	A	B	C	D
3級	9,500	7,500	5,500	0	—
2級	8,500	6,500	4,500	0	—
1級	6,000	5,000	4,000	0	0

注：人事考課Dは降級。人事考課Cは2年連続で降級。職能習熟給表の当該等級上限額を限度に昇給

　部分に影響を与え、整合性がとれなくなるおそれが生じることから、中小企業のように、経営状況によって柔軟に対応せざるをえない企業は、賃金テーブルではなく昇給表を用いたほうがいい場合が多い。

　ただし、J社のように金額による昇給表を用いる場合、仮に業績が著しく悪化したときでも、賃金表を改定しない限りは原則、賃金表どおりの昇給金額を上限額までは毎年支給し続けなければならない。したがって、業績変動の大きい会社や景気変動の影響を受けやすい中小企業においては、図表3-4のような金額による昇給表ではなく、指数による昇給表（指数のみ考課ランクごとに設定）を使用して、実際の昇給金額は毎年の経営状況にもとづいてフレキシブルに決定する方法もある。

　たとえば図表3-5では、職務等級1等級の標準評価である「B」を基準指数の「100.0」とし、その基準指数に対応した指数を1～3等級の各考課ランク（S～D）別に設定している。仮にある年度の基準指数「100.0」の昇給額を500円と決定した場合、1等級の考課ランクBの昇給額は基準指数100.0どおりの500円だが、同じ1等級でもSの昇給額は指数が150.0となっているため、昇給額は基準指数の1.5倍の750円になる。逆に考課ランクCは指数が50.0なので、昇給額は半分の250円となる。

　上位等級の金額についても同じ指数表になっていることから、同様

第3章◆仕事・貢献度基準の賃金制度の設計　73

図表 3-5　指数による昇給表例

職務等級	総合人事考課				
	S	A	B	C	D
3級	200.0	150.0	130.0	50.0	0
2級	160.0	130.0	115.0	50.0	0
1級	150.0	125.0	100.0	50.0	0

注：指数に対応する金額は毎年会社の業績にもとづき決定

の計算で算出する。たとえば職務等級2等級Bの指数は115.0で、基準指数の1.15倍となっているので、500円×1.15＝575円が昇給額となる。このように金額ではなく指数のみを設定する昇給表を用いれば、自社の経営状況・支払能力に応じて毎年、昇給金額を変更できる。

　指数による昇給表の場合も、あくまで習熟給は当該職務レベルの最高習熟状態を勘案して、毎年昇給によって積み上げられていく習熟給金額の最高限度額を別途定めることが求められる。

　なお、単一型の職務給に、習熟の伸びにもとづく積み上げ型の習熟給を組み合わせた賃金体系で問題となるのが、中途採用者の取扱いである。仮に、ある特定の職務に習熟レベルの高い人材を中途採用しようとしても、習熟給は積み上げ型のため、習熟レベルそのものを判断する基準や格付けする仕組みがなく、最低の習熟給から始めなくてはならない。しかも習熟の伸びをもとにした昇給の仕組みの場合（図表3-2のような昇給基準）、もともと習熟レベルの高い人材は、これ以上習熟が伸びることは考えにくく、理論的には習熟給は昇給しないことになり、実際の習熟レベルと支給する習熟給との間に乖離が生じてしまう。

　このように習熟の伸びにもとづく積み上げ型の習熟給は、未熟練の新卒のみを採用し、一歩ずつ育成し、習熟を伸ばしていくことが前提の企業には適しているが、日本の労働市場が流動化、活発化していくなかで、即戦力の人材を外部から採用するケースはこれまで以上に増

図表3-6 職務給(単一型)＋習熟給(習熟レベル別定額)のイメージ

図表3-7 職務給(単一型)＋習熟給(習熟レベル別定額)の賃金表例

職務等級	職務給	習熟ランク	習熟給	合計
1等級	150,000	E	0	150,000
		D	7,000	157,000
		C	15,000	165,000
		B	20,000	170,000
		A	25,000	175,000
2等級	170,000	E	0	170,000
		D	10,000	180,000
		C	20,000	190,000
		B	30,000	200,000
		A	40,000	210,000
3等級	200,000	E	0	200,000
⋮				

習熟レベル
A＝当該職務で最高の習熟レベル
B＝当該職務で高い習熟レベル(まだ習熟は可能)
C＝当該職務で通常の習熟レベル
D＝当該職務で通常よりは低い習熟レベル
E＝当該職務では最低の習熟レベル(上司等の細かな協力や指導が必要な状態)

えていくことが予想される。

　そこで今後は、こうした積み上げ型ではなく、習熟ランクのレベルを客観的に評価して格付けし、レベルごとに定められた習熟給を支給する方法がもっとも公平で、外部からも習熟度の高い人材を採用しやすくなる。具体的には、図表3-6のように、たとえば習熟度のレベルをA～Eの5段階に設定し、どの習熟ランクのレベルに該当するかを毎年評価し、格付けするものである。形式的には洗い替え方式と同じだが、習熟度は業績給の業績成果とは異なり、大きく低下することは特殊な場合を除いてないため、実際には、習熟度の伸長に応じてEからDへ、DからCへと、数年おきにランクアップしていくことになろ

図表 3-8　習熟レベルの段階数

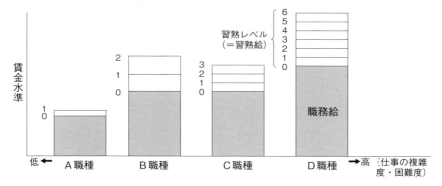

う。

　これにより、習熟度の高い人材を中途採用する場合でも、その習熟度に見合った習熟給が支給できる。つまり習熟レベルがCであれば、採用時からCのレベルの習熟給を支払うことが可能となる。また、たとえば習熟のスピードがきわめて速い人材に対しても、EからCへ、あるいはCからAへなど、2ランクアップや3ランクアップも可能となることから、現在の習熟度に対応した、より公正な賃金体系ということができる。

　ただしこの体系は、積み上げ型とは異なり必ずしも毎年昇給するとは限らないため、給与が毎年少しずつでも上がるといった意味でのインセンティブ効果はなくなる。また、ランクを細かく刻んでランク数を増やせば、毎年ランクアップ（昇給）する可能性が大きくなり、積み上げ型と同じような効果は得られるが、習熟のレベル分けとその定義づけが曖昧になり、結局は勤続年数をもとにした運用に戻ってしまうことから、あくまで当該職務の特性に応じた形で有意差が認められるランク数を設定する必要がある。一般的には、簡易な仕事は短期間で最高の習熟レベルに達し、習熟度の幅も小さいため、習熟ランク数はゼロか、せいぜい1～2ランク程度となるが、複雑で困難な仕事は

図表3-9　F社の習熟度合いの評価方法（技能・実務職群）

職種ごとの「習熟段階定義表」（設定職種ごとに作成）で各人の習熟レベルを判定
【習熟段階定義表の例】

職種名	○○		主な業務内容	△△ならびに××

習熟段階	技能要素	FQCDS 要素	後進指導・技能伝承	その他（技能検定等）
4	○○ができている	…	…	検定特級取得
3	××ができている	…	…	検定1級取得
2	△△ができている	…	…	
1	□□ができている	…	…	検定2級取得

各要素をすべて満たしてはじめてその段階に認定　➡　習熟給に反映

注：1．すべての職種について、上記のような「習熟段階定義表」を作成。一定時間内
　　　に製品を何個つくれるかなど、何をどの程度できたらどの段階に格付けるかとい
　　　う基準が定められている。
　　　「技能要素」〜「その他（技能検定等）」のすべての要件を満たすとその習熟段
　　　階に格付けられる。「FQCDS」は、品質（Quality）、原価（Cost）、工程（Delivery）、
　　　安全（Safety）など、やや管理的な内容についてみるもの。職種は100以上に分類。
　　2．各職種を「大」「中」「小」のいずれかに区分し、習熟段階の数を「大」6〜8
　　　段階、「中」4〜6段階、「小」3段階程度とした（上記は「中」の例）。
資料：人事賃金センター「事例研究」第525号

習熟にかかる時間やレベルの差が大きいことから、習熟ランク数もそ
れに合わせた段階数（4〜6ランク程度）で設定する必要がある（図
表3-8）。

　なお、習熟レベルの認定においては、図表3-7のような「最高の習
熟レベルがA」「通常の習熟レベルはC」といった曖昧な定義では、
公平に認定することはできない。図表3-9のF社のように、具体的な
基準にもとづき、職種ごとに定義表を作成することが望ましい。

❷着任時に完全な遂行能力が必要で、高度・複雑な定型的職務群

　基本的賃金項目は、次のいずれかである。

◆職務給（単一型）

◆職務給（単一型）＋経験加給（積み上げ型）

　定型的職務であっても、職務着任時に未熟練な状態では許されず、
完全な業務遂行が求められる職務がある。パイロットや、バスや電車

第3章◆仕事・貢献度基準の賃金制度の設計　77

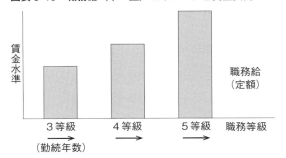

図表 3-10　職務給（単一型）のイメージと賃金表例

などの輸送用機器の運転手、ブルドーザーやクレーンなどの操縦士、薬剤師、医療検査機器技師などが例としてあげられる。こうした安全や人命にかかわる職務の場合、未熟練を理由とした失敗はけっして許されない。未熟練で従事する場合は、必ず熟練した先輩や上司がサポートするか、一人前になるまで研修機関等で研修を受けなければ、単独で従事することはできない。

　だれが従事しても決められた成果を出す必要があるため、原則、当該職務の価値にもとづいた「職務給」のみの体系となる（図表3-10）。

　ただし、職務が変わらない限り昇給もなく、定年まで給料が変わらないことになるため、上位職務への変更がない企業やその可能性が少ない企業の場合は、別途、「経験加給」（仮名）を付与するケースも考えられる（図表3-11）。これは賃金がまったく変わらないことによるモラールの低下を防ぎ、いわゆる職場のベテランとしてのインフォーマルな役割（精神的な支えや相談者、アドバイザーなど）を期待して付加するものである。

　経験加給は、理論的には「職務」とも「成果」とも見合わないものだが、少しずつとはいえ毎年賃金が上がることで従業員のモラール維持・向上をはかり、職場におけるベテランとしての役割に期待して設

図表 3-11　職務給（単一型）＋経験加給（積み上げ型）のイメージ

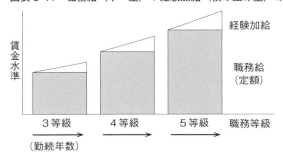

図表 3-12　職務給（単一型）＋経験加給（積み上げ型）の賃金表例

職務等級	職務給	経験加給	合計
3等級	300,000	0	300,000
		2,000	302,000
		4,000	304,000
		6,000	306,000
		7,000	307,000
		8,000	308,000
		9,000	309,000
		10,000	310,000
		11,000	311,000
		12,000	312,000
		13,000	313,000
		以降昇給なし	
4等級	350,000	0	350,000
		2,500	352,500
		5,000	355,000
		⋮	⋮
		20,000	370,000
		以降昇給なし	
5等級	400,000	0	400,000
⋮			

人事考課	A	B	C	D	E
昇降号数	3号	2号	1号	0号	△1号

＊評価は積極性、協調性、責任性など、態度・意欲考課を中心とした総合点にもとづく

定するものであり、積極性、協調性、責任性など態度・意欲考課にもとづいての昇給基準を設定することに一定の合理性をみることもできる。しかし限りなく上がり続けると本来の職務価値と整合性がとれなくなるため、上限を設定する必要がある。またその金額自体も、一定の金額の範囲内にとどめなければ年功的賃金と変わらなくなってしま

うので注意したい（図表3-12）。

(3) 非定型的職務の賃金体系例

　非定型的職務は、職務遂行の成果があらかじめ設定されておらず、担当者の能力や意欲によってその出来栄えが違ってくることから、「職務でいくら」という定型的職務群の決め方だけでは問題があり、職務遂行によって生み出された付加価値の大きさ、程度を適切に反映させる必要がある。

　以下では、課業配分や職務遂行方法、成果の表われ方などにより3つの職務群に分けて賃金体系を例示する。

❶担当者の職能伸長等に応じて課業配分の一部分が変わる職務群

　基本的賃金項目は、

◆職能給（範囲型）

である。

　非定型的職務のなかでも、課業配分や職務を遂行するにあたっての具体的方法が定められているものでなく、職務遂行能力の伸長に応じて課業がフレキシブルに変更する職務群である。非管理職のうちの企画、調査、折衝などを行なう職務以外でも、営業職や研究開発職などの職種でもフレキシブルな課業配分で職務を遂行する場合が該当する。

　これらに該当する従業員は決められた職務のみを遂行する職務限定の従業員とは異なり、長期雇用を前提として、能力開発の観点から能力伸長に合わせて期中でもより難易度や責任度の高い上位の課業を部分的に担ったり、新しいプロジェクトに参加したりする可能性もあることから、職務を標準化するのは困難である。また、担当者の能力によって仕事の出来栄えが異なるため、賃金体系としては、職務給をベースとするよりも職務遂行能力の発揮度を重視した職能給を基本とし、職能の発揮度に応じて賃金が伸長する範囲型の職能給が一般的に

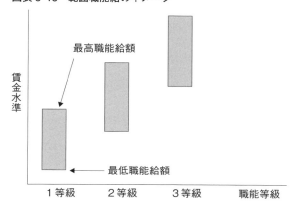

図表 3-13 範囲職能給のイメージ

図表 3-14 昇降号数

人事考課	A	B	C	D	E
1～3級	4号	3号	2号	0号	△1号
4～6級	5号	4号	3号	0号	△2号

＊評価は職務遂行能力発揮度を中心に行動プロセス、態度・意欲考課などの総合点にもとづく

は適している（図表3-13～図表3-15）。

　さらに日本企業では、これらの従業員に対しては、同じく能力開発の観点から、本人の意志と関係なくまったく不慣れな仕事にも異動させ、幅広い経験を積ませる方法が一般的だが、新しい部署の仕事に異動してしばらくは成果が出せなかったり、当面は異動前の課業より低い課業に従事せざるをえないこともあるため、厳密に運用すると降給や降格などにより賃金が低下する可能性がある。そうなると、人事異動に対してマイナスのインセンティブが働き、人事異動が柔軟に実施できなくなるおそれが生じる。

　したがって、異動前の課業より低い課業に従事するなどして職能の発揮度が落ちたとしても、たとえば異動後1～2年程度は、職能資格の等級を維持して、賃金が下がらないようにするなどの猶予措置を設

図表 3-15　職能給表

	1等級		2等級		3等級	
	金額	号間ピッチ	金額	号間ピッチ	金額	号間ピッチ
1	120,000		150,000		190,000	
2	122,000	2,000	152,500	2,500	193,000	3,000
3	124,000	2,000	155,000	2,500	196,000	3,000
4	126,000	2,000	157,500	2,500	199,000	3,000
5	128,000	2,000	160,000	2,500	202,000	3,000
6	130,000	2,000	162,500	2,500	205,000	3,000
7	132,000	2,000	165,000	2,500	208,000	3,000
8	134,000	2,000	167,500	2,500	211,000	3,000
9	136,000	2,000	170,000	2,500	214,000	3,000
10	138,000	2,000	172,500	2,500	217,000	3,000
11	139,500	1,500	174,500	2,000	219,500	2,500
12	141,000	1,500	176,500	2,000	222,000	2,500
13	142,500	1,500	178,500	2,000	224,500	2,500
14	144,000	1,500	180,500	2,000	227,000	2,500
15	145,500	1,500	182,500	2,000	229,500	2,500
16	147,000	1,500	184,500	2,000	232,000	2,500
17	148,500	1,500	186,500	2,000	234,500	2,500
18	150,000	1,500	188,500	2,000	237,000	2,500
19	151,500	1,500	190,500	2,000	239,500	2,500
20	153,000	1,500	192,500	2,000	242,000	2,500
21	154,000	1,000	194,000	1,500	244,000	2,000
22	155,000	1,000	195,500	1,500	246,000	2,000
23	156,000	1,000	197,000	1,500	248,000	2,000
24	157,000	1,000	198,500	1,500	250,000	2,000
25	158,000	1,000	200,000	1,500	252,000	2,000
26	158,500	500	201,000	1,000	253,500	1,500
27	159,000	500	202,000	1,000	255,000	1,500
28	159,500	500	203,000	1,000	256,500	1,500
29	160,000	500	204,000	1,000	258,000	1,500
30	160,500	500	205,000	1,000	259,500	1,500

けることを考慮に入れる必要もある。

❷職能が一定レベルに達し自己裁量で職務を遂行できる職務群

　基本的賃金項目は、

◆上限職能給＋貢献給（洗い替え方式）

である。

　上記❶が育成段階の職務群とすれば、これは、当該職能資格内での

図表 3-16　上限職能給＋貢献給〈業績給〉（洗い替え方式）のイメージ

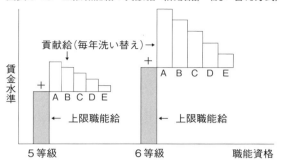

図表 3-17　貢献給（洗い替え方式）の例

人事考課	A	B	C	D	E
金額	90,000	70,000	50,000	30,000	10,000

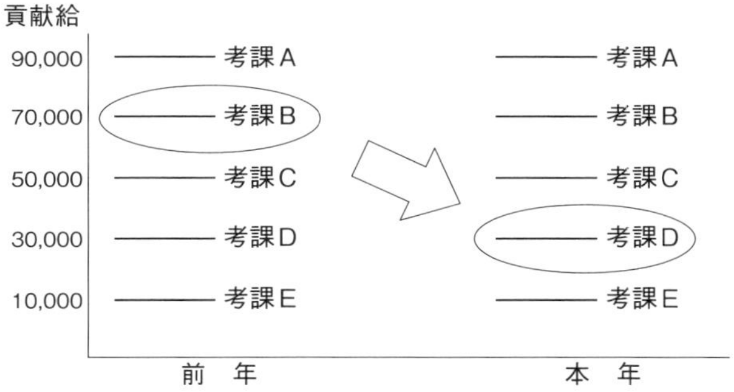

育成段階を過ぎて職能がある一定レベルに達し、蓄積した保有能力を活用し、ある程度の自己裁量を認められて職務を遂行する職務群が該当する。裁量労働制が適用されるような従業員であり、一定の職務・役割が与えられ、その職務遂行にあたっては、管理職や上司から細かな指示を受けずに、ある程度自己の裁量が認められて実行できる職務群である。

　賃金体系としては、職能はすでに当該職能資格において一定レベル（期待上限）に達しているので、職能給の以降の昇給はない。成果部分については、担当者によって大きく変わる可能性があるため、それ

ぞれの成果・貢献度や役割達成度を反映した洗い替えの貢献給（業績給）を導入する方法が考えられる（図表3-16、図表3-17）。

❸経営目的達成のため役割等あらかじめ職位が設定されている職務群

　いわゆる人事部長や製造課長などの管理職や営業職、研究開発職、ソフト開発技術者など、経営目標達成のために、あらかじめ役割や職責が定められている職務群である。裁量度も高く、自ら課題を設定し、その達成が求められる。

　基本的賃金項目は、次の２つがある。

◆職務給（役割給）＋貢献給（洗い替え方式）…Ａタイプ

◆職務給（役割給）＋貢献給（洗い替え的積み上げ方式）…Ｂタイプ

①Ａタイプ

　企業が期待する役割があらかじめ設定されているため、賃金体系は、その職務等級や役割等級に応じたシングルレートの職務給（あるいは役割給）がベースとなる。その成果は、与えられた職位を構成する課業にもとづく目標や役割をどの程度達成できたかで評価され、別途、その達成度に応じた貢献給（業績給）を支給する。また毎年同じように目標や役割が達成できるとは限らないため、貢献給（業績給）は通常、評価期間ごとに設定する洗い替え方式となり、達成度の割合によって毎年変動する（図表3-18、図表3-19）。

　ただし、これらの職務群についても、業績成果の表われ方は、たとえばラインの管理職と自由裁量の営業職とでは大きく異なる。営業職は人によって売上に大きな差が生じ、しかも人事考課によってその成果を数字等で明確に測定できる場合には、その差異にもとづき貢献給も格差を大きく設定することが本人のモチベーション上からも、また公正性の観点からも必要であろう。しかしライン管理職の場合は、そもそもの役割の職責自体が非常に大きい一方で、営業職のように成果を業績（売上）といった数字で測定できる職務ではなく、人によって

図表3-18 職務給＋貢献給〈業績給〉（洗い替え方式）のイメージ

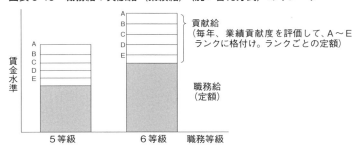

図表3-19 職務給＋貢献給〈業績給〉（洗い替え方式）の賃金表例

職務等級	職務給	業績ランク	貢献給	合計
5等級	400,000	E	10,000	410,000
		D	20,000	420,000
		C	30,000	430,000
		B	40,000	440,000
		A	50,000	450,000
6等級	500,000	E	10,000	510,000
		D	30,000	530,000
		C	50,000	550,000
		B	70,000	570,000
		A	90,000	590,000
7等級	650,000	E	20,000	670,000
⋮				

＊評価は業績考課を中心に、行動プロセス、態度・意欲考課などの総合点にもとづく

成果の差異が大きく変動する可能性が小さいために、貢献給もあまり大きな格差にならないのが一般的である（図表3-20）。そこで、それぞれの職種の特性に応じた賃金体系を別々に設定する必要がある（図表2-5参照）。

②Bタイプ

前記Aタイプは原則的な考え方だが、企業業態や職種によっては、貢献給を洗い替えではなく積み上げ方式にすることも考えられる。Aタイプのような洗い替え方式では、基本給が毎年大きく変動するた

図表 3-20　職務特性により、職務給、貢献給のあり方が変わる例

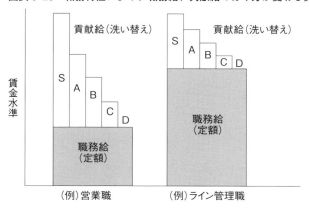

め、プラスのインセンティブもある一方でマイナスのインセンティブが強くなることも考えられる。これらのことから、洗い替えにより大幅な賃金ダウンに対する心理的配慮から、人事考課を歪めている例が少なからずみられる。これまで安定的に基本給を支給していたような企業では、現実的な対応としては、賃金水準が世間相場と比較して相当高い場合を除き、洗い替え相当部分は賞与で反映させ、給与は成果の違いを昇給の幅で反映させる積み上げ方式とするほうが導入しやすい。

　図表3-21は、前出J社の管理職の職務給と貢献給（成果貢献給）の例である。貢献給である成果貢献給は、洗い替え方式ではなく積み上げ方式をとっているが、評価が標準レベル（B）に満たない場合は昇給はゼロとなり、逆に高評価を得れば高い昇給が可能となる。ただし上位職務給との関連から設定する範囲の上限に達したら、それ以降は上位等級へ昇級しない限り昇給しない仕組みとなっている。このように積み上げ方式といっても、もちろん評価が悪ければゼロやマイナス昇給となるような設定も可能であり、成果の違いを十分反映できる。さらに指数による昇給表（図表3-5参照）を業績給に導入することも

図表 3-21　　J 社の職務給・成果貢献給表と成果貢献給昇給表

〈職務給・成果貢献給表〉

職務等級	職務給	成果貢献給
6 級	520,000 円	0 ～ 150,000 円
5 級	470,000 円	0 ～ 130,000 円
4 級	420,000 円	0 ～ 80,000 円

〈成果貢献給昇給表〉

職務等級	総合人事考課				
	S	A	B	C	D
6 級	16,000	13,000	7,000	0	—
5 級	14,000	10,000	6,000	0	—
4 級	12,000	9,000	5,000	0	0

注：人事考課Dは降級。人事考課Cは2年連続で降級。成果貢献給表の当該等級上限額
　　を限度に昇給

　考えられる。ただし習熟給と同様に、適正な昇給範囲を設定する必要がある。

　また、こうした単純な積み上げ型ではなく、実質的な洗い替え昇給方式の導入も検討に値する。具体的には給与レンジを上位〜下位の間でいくつかの段階に区分し、現在の給与額がどの段階の位置にあるかによって、昇給額を変える方式である。たとえば図表3-22、図表3-23のように、給与レンジを上位・中位・下位の3段階に区分し、下位レンジにある場合は昇給率が高く、評価の低いD評価でもプラス昇給となるが、逆に上位レンジでは昇給率が低く、標準評価以下ではマイナス昇給となる仕組みである。

　つまり上位レンジの給与の対象となるには、当該職務でA評価やB評価レベルの成果を出し続けてもらうことを前提とするものである。したがって標準評価であれば、中位レンジに収斂されることになり、過去の業績を既得権として温存することはなく、常に現在貢献度に近い処遇となる点で、単純な積み上げ型よりも人件費管理がしやすい。さらに、完全な洗い替え方式よりも人事考課結果による給与増減の変動が大きくないため、従来の年功的な積み上げ型から一気に洗い替え方式に移行するよりは、従業員へのインパクトは小さくてすむ。

第3章◆仕事・貢献度基準の賃金制度の設計　87

図表 3-22 レンジ別昇給方式の例

図表 3-23 貢献給テーブルの例

職務等級	レンジ	号俸	貢献給	号俸間ピッチ
6等級	上位	30	90,000	3,000
		29	87,000	3,000
		28	84,000	3,000
		27	81,000	3,000
		26	78,000	3,000
		25	75,000	3,000
		24	72,000	3,000
		23	69,000	3,000
		22	66,000	3,000
		21	63,000	3,000
	中位	20	60,000	3,000
		19	57,000	3,000
		18	54,000	3,000
		17	51,000	3,000
		16	48,000	3,000
		15	45,000	3,000
		14	42,000	3,000
		13	39,000	3,000
		12	36,000	3,000
		11	33,000	3,000
	下位	10	30,000	3,000
		9	27,000	3,000
		8	24,000	3,000
		7	21,000	3,000
		6	18,000	3,000
		5	15,000	3,000
		4	12,000	3,000
		3	9,000	3,000
		2	6,000	3,000
		1	3,000	—

人事考課（昇降号俸）

	A	B	C	D	E
最高号俸	0	△1	△2	△3	△4

	A	B	C	D	E
上位	1	0	△1	△2	△3

	A	B	C	D	E
中位	2	1	0	△1	△2

	A	B	C	D	E
下位	4	3	2	1	0

3. 等級間賃金格差の設定

　職種ごとの賃金体系が決まったら、次に賃金水準を決定する。特に検討を要するのは、各等級間の賃金格差をどのくらいに設定するかである。図表3-24の右図のように、基本給が単一型の職務給（役割給）あるいは職能給のみであれば、その基本給の等級ごとの賃金額の差額がそのまま等級間の賃金格差となるため、差額が大きければ賃金格差も大きくなる。しかし、ほとんどの職種において、仕事は同じでも習熟あるいは成果は人によって異なるため、単一型の職務給や役割給のうえに範囲型の習熟給や成果給（貢献給）を加える形となる。

　このように基本給を単一給と範囲給の組み合わせで構成する場合、各等級間の賃金格差を設定する方法としては、図表3-24の左側の図のように、範囲給の上限が、上位等級の賃金下限を超えるタイプ（「重複型」）、同じ金額とするタイプ（「接続型」）、超えないようにするタ

図表 3-24　等級ごとの賃金体系の型

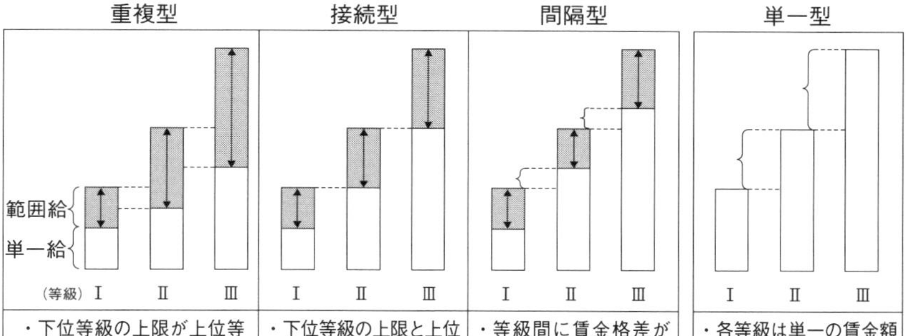

重複型	接続型	間隔型	単一型
・下位等級の上限が上位等級の下限額を上回る ・運用しやすい ・重複合いが大きいと年功的になる	・下位等級の上限と上位等級の下限額が同じ	・等級間に賃金格差がある ・昇格のインセンティブ大	・各等級は単一の賃金額（シングルレート） ・昇格のインセンティブ大

第3章◆仕事・貢献度基準の賃金制度の設計　89

イプ（「間隔型」）のいずれかになる。

　これらのうち重複型は、下位等級の上限金額と直近上位等級の下限金額の間を重複するように設定するタイプである。昇級に際し現行の賃金秩序をあまり崩すことなく柔軟な運用ができる。その反面、下位等級者でも賃金上、上位となる場合があるなど、重複している部分は職務を直接賃金に反映させる意味がなくなるおそれがある。一方、接続型は、下位等級の上限金額と直近上位等級の下限金額が一致するように設定するタイプで、下位等級者が賃金上、上位になることがないので、昇級に対するインセンティブは強まる。また、間隔型は各等級の間に開きがあるように設定するタイプであり、接続型をさらに強めたものである。

　どのタイプが望ましいかについては、職種や等級に応じて選択することになるが、たとえば定型的職務の職種で、賃金体系として単一型の職務給＋範囲型の習熟給を導入しているケースの場合、1等級の最高の習熟度の者と、2等級の最低の習熟度の者とを比べて、会社への貢献度として1等級の最高の習熟度の者のほうが高いと判断できるのであれば、1等級と2等級の賃金格差は重複型を採用する。

　アメリカ企業では職務に欠員が生じた際には、その職務を遂行できることを前提に採用するのが一般的である。したがって配置された者は職務についた時点で原則、その職務が十全に遂行できる状態にある（遂行できないならそもそも採用されない）。しかし、わが国では従来の雇用管理の慣行から、当該職務を十分には遂行できない者であっても、とりあえずその職務につけ、徐々にその職務をマスターさせ遂行できるように仕上げていく方法をとる。したがって、日本企業の場合は同一職務従事者であっても、習熟度や成果の違いに大きな格差があり、接続型や間隔型よりも、重複型を採用するケースが多い（図表3-25）。

図表 3-25　重複型の基本給体系の例

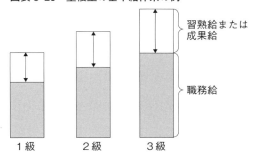

　さらには同一労働同一賃金の観点から、「職務」の価値の部分と、「習熟」「成果」の部分を峻別したほうが納得性があり、かつ法的な対策としても望ましいといえよう。

第4章
職務分析・評価の方法と手順

第2章で仕事基準の人事制度の類型を紹介したが、職務等級制度を導入する場合には「職位」の重要度や難易度を分析・評価する「職務分析」「職務評価」の実施が必須となる。また役割等級制度や職能資格制度を導入する場合にも、「課業」の重要度や難易度を調査する「職務調査」の実施が必須となる。そこで本章では、経団連事業サービス 人事賃金センター方式による「職務分析」「職務評価」の方法と手順を紹介する。なお「職務調査」については第5章で取り上げる。

1. 職務分析の手順

職務分析を一口で表わすと「職務の情報を収集し、これを記録する作業」となる。その職務内容を評価し、職務の社内における相対的価値序列を設定する基礎的資料となるものであり、次の手順で行なう。

(1) 収集すべき情報の内容

収集すべき情報は次のとおりである。

❶業務に課せられている仕事の内容（遂行業務）

職位を構成する課業内容を把握し、それぞれの課業はどんな目的・方法で行なっているかを明らかにする。ほかの職位と比較して、その種類・困難度・責任度などの差を明らかにできるように事実をつかむことがポイントである。

❷職務の遂行に必要な要件（遂行要件）

職務を遂行するために要求される精神的能力（知識・判断）、身体的能力（身体的熟練）、および職務遂行に際して受ける精神的負荷（責任・災害危険）、身体的負荷（感覚的疲労・身体的努力・作業環境）の種類と程度を明らかにする。

これらを分析するために職務情報を収集する。実際の職務情報収集にあたっては、職務担当者に個別に直接、面接する「面接法」が一般的だが、技能職については、作業方法、設備機械、作業環境など、実際に職場を観察する「観察法」を併用することが望ましい。また必要に応じて実際に自ら体験してみる「体験法」を取り入れるのもよい。

また監督職や事務技術職を対象とする場合は、あらかじめ担当者自身に職務内容を記述させる「記述法」を取り入れると、面接のための情報が事前に得られ、情報収集時間の短縮策として有効である。

なお、面接に際しては、被面接者に警戒心、不安感、不快感などを与えてしまうと、必要な職務情報が得られなかったり、事実に反する職務情報が提供されるおそれがあるので十分注意し、調査の目的をよく理解させると同時に、面接態度にも配慮することが肝要である。

(2) 職務記述書の作成

収集した職務情報は、一定のルールに従って記録し、「職務記述書」としてまとめる。

❶職務記述書の構成

職務記述書は通常、職務情報の内容に対応して、次の4つで構成される。

〔所属、職務の名称〕

職務の所在を明らかにするために、職務名、職種名、所属名、等級、評点、作成年月日、作成者氏名、管理監督者の確認印欄などを記入する。

〔職務の概要〕

職務の全体像を一読して理解できるように、要約して記述するもので、通常、以下の4点を盛り込む。

◆監督・被監督の態様…直接的指導監督か、一般的指導監督か

（例）○○課長の一般的指導監督のもとに・・・

◆勤務の態様…定時間勤務か、交代勤務か

　（例）　４直３交代勤務制・・・

◆作業の態様…単独作業か、協同作業の場合その態様

　（例）○○を指導し、○○に指示し、○○と協同して・・・

◆作業の概要…担当する業務、工程、取り扱う機器等

　（例）部品加工工程を担当し、○○型NC旋盤を使用して・・・

〔遂行業務〕

　面接等で得た職務内容を「何をどのようにする」を中心にして、遂行要件が明確になるよう、以下に示す項目を簡潔にまとめる。

◆課業の発生条件…上司・上級者の指示か、業務計画か、あるいは担当者の発意によるのか、その課業が何にもとづいて発生するのか

◆準拠する規程・法規類…法令、社内規則・規程、業務マニュアル、作業指図書、作業標準書、図面等、その課業が何に準拠して行なわれるのか

◆使用する機器類…作業遂行過程で使用する設備機械、冶工具、材料等

◆課業遂行に際しての判断ベース、考慮する条件…どのような知識・情報を判断のベースとして選択や決定、判定、応用、工夫、創意が行なわれるのか、どのような内容、条件を考慮して企画や立案、文章・資料の作成が行なわれるのか

◆異常・疑義ある場合の対応…課業遂行過程で、異常事態が発生したり、疑義が生じた場合、どのような処置をとるのか。また、その責任の範囲

◆課業の遂行を誤った場合の影響、発生の可能性…課業遂行過程で誤った措置をとった場合、どのような影響が出るか。また、発生の可能性は高いか低いか

図表 4-1　職務概要記述例

職務の概要 （技能職例）	職務の概要 （事務職例）
この職務は試作係長の一般的指導監督の もと、単独または協同で行なう作業で、 鋳造機、クレーン等を使用し、以下の課 業を主たる業務とする。	この職務は業務部グループ総括リーダーの 一般的指導監督のもと、新卒（大卒）者の 採用および新入社員教育の企画・運営を担 当し、単独で以下の課業を行なう。

1．鋳造業務（試作）
1）準備
・準備作業
・機械の点検
・金型の取り付け
・溶湯の準備
2）鋳造条件設定
・ダイカストマシン条件設定
・溶湯温度条件設定
・離型剤塗布条件設定
3）試作本作業
・鋳造作業
・品質確認
・条件の再設定
・湯口方案除去
4）金型外し
5）後片付け
・機械停止
・溶湯汲み出し
・清掃
6）報告業務
・作業日報記入
・金型修理打ち合わせ

2．各器具の保全

1．採用
（1）学科別採用人員の調整
（2）年度採用計画の企画
（3）採用試験問題の作成・採点
（4）大学への求人
（5）会社説明会の実施
（6）面接試験の実施
（7）選考結果の通知
（8）有望な入社勧奨者の勧誘
（9）内定者フォローアップ

2．教育（新卒）
（1）年間教育計画の企画
（2）新卒入社前教育の実施
（3）新卒入社時教育計画の企画
（4）新卒入社時教育計画の実施
（5）新卒工場研修の選定と依頼
（6）新卒工場研修のフォロー

資料：人事賃金センター・職務分析員養成コース資料

第4章◆職務分析・評価の方法と手順　97

図表 4-2　遂行業務記述例（技能職）

課業名、内容（頻度%）	使用機器・帳票
1．鋳造業務（試作） 　週間予定表にもとづき、鋳造作業標準に従って、以下の作業を行なう	週間予定表 鋳造作業標準
1）準備（30%） ①準備作業 ・アルミ材、溶剤、油類（作動油、潤滑油）、工具類の確認・準備を行なう	
②機械の点検 ・目視点検チェックシートに従って、目視により油漏れの有無、聴覚により油圧ポンプの異常の有無、レベルゲージにより窒素ガス量、作動油量、圧力ゲージにより圧力の有無、ボタン操作により停止ボタン、クレーンの制動確認など点検を行ない、油類、窒素ガス量不足の場合は補充し、その内容を作業日報に記入する ・不具合箇所がある場合、係長に報告。簡単な修理（油漏れ、ボルトのゆるみ等）で直る、部品の交換で対応できる等の軽微な不具合は、係長の指示があれば前例・類例、取り扱い説明書などを参考に、自ら修理する	目視点検チェックシート クレーン 作業日報 取り扱い説明書
③金型の取り付け ・指定された金型をワイヤーを用いて玉掛けし、クレーン操作によりパレットに乗せ、フォークリフトにより搬入する ・金型取付作業標準にもとづき、クレーンを操作し、スケールを用いて鋳造機に固定型を平行度出し精度 0.5mm 以内で取り付け、クレーン操作にて可動型を鋳造機内に誘導し、固定型と可動型の位置合わせを行ない、押出棒を金型の押出盤に片口スパナで取り付け（ネジ締め）、可動型を動かしながら可動型と固定型の位置合わせ調整を行ない、合ったら可動盤に可動型をレンチで締め付け、押出棒と鋳造機の押出盤の連結を片口スパナで行ない（ナット締付け）、手で冷却ホースを取り付け、レンチを用いて中子スプリングを調整する ・複雑な形状の金型については構造、前例・類例を考慮して行なう	パレット、ワイヤー 金型 フォークリフト 金型取付作業標準 スケール 片口スパナ レンチ
④溶湯の準備 ・アルミインゴット、スクラップ材を割合に注意して、適量を坩堝に手で入れる ・着火し、アルミを溶解させ、溶解したらアルミの種類、量に応じて適合する溶剤を適量投入する ・溶剤投入後、沈静したら撹拌し、酸化物が浮いてきたら滓取り箆で取り出す	滓取り箆
2）鋳造条件設定（15%） ①ダイカストマシン条件設定 ・試作依頼書にもとづき、製品図面に従って、射出スピード、低・高速切り替えタイミングの設定、圧力の設定、型締め時間の設定などを行なう ②溶湯温度条件設定 ・金属（合金）の種類により、指定された温度に設定する ③離型剤塗布条件設定 ・金型形状、合金の種類にもとづいて、前例・類例を参考に、離型剤の種類選択・希釈度割合・塗布位置・塗布時間を決める	試作依頼書 製品図面

課業名、内容（頻度％）	使用機器・帳票
3）試作本作業（15％） ①鋳造作業 ・依頼された数量の試作品を操作パネルスイッチ操作、スプレーガン操作などにより鋳造する	スプレーガン
②湯口方案除去 ・製品を取り出し、湯口方案部分をプライヤー、木ハンマーで除去する	プライヤー 木ハンマー
③品質確認 ・製品全数について、不具合（変形、汚れ、割れ）の有無を外観から目視点検するとともに、抜き取りによって未充填、割れ、巣の有無を、カラースプレーによるカラーチェック、鋸盤、手動フライス盤を用いての切断検査などにより確認する	カラースプレー 鋸盤 手動フライス盤
④条件の再調整 ・不具合がある場合、品質確認した内容にもとづき、前例・類例を参考に、その原因を見極め、条件の再設定を行なう ・不具合原因が金型にある場合、係長に報告。係長の指示により、金型を取り付けたままでできる程度（磨き、湯口の調整等）の修理は自ら行なう	
4）金型外し（10％） ・所定量終了後、金型取外作業標準にもとづき、金型の取り外しを取り付けの逆順で行なう	金型取外作業標準
5）後片付け（10％） ①機械停止 ・鋳造作業標準に従って機械を停止し、各種バルブを締め、電源を切る	
②溶湯汲み出し ・坩堝に残存する溶湯（約100kg）を水蒸気爆発に留意し、残湯をこぼさぬように、柄杓を用いて汲み出し、インゴットケースに流し入れる	柄杓 インゴットケース
③清掃 ・箒、塵取りを用いて、機械の周辺の清掃を行なう	箒、塵取り
6）報告業務（10％） ①作業日報記入 ・鋳造試作作業終了後、作業時間、数量、鋳造条件（最終条件）、異常発生の場合の内容と対応等、日報所定項目を記入する	
②金型修理打ち合わせ ・鋳造試作作業終了後、金型の修理について設計課担当者と打ち合わせを行ない、試作作業日報、試作品（現物）を用いて不具合状況を説明し、前例・類例を参考に、鋳造上発生した問題点解決のため、金型構造・形状改善の意見具申を行なう	
2．各器具の保全（10％） ・作業終了後、熱電対の保護管、ラドル、柄杓、滓取り笊に付着したアルミをやすりなどで落とし、コーティング剤（酸化物）を刷毛で塗布し、各器具を保全する	やすり 刷毛
	（保護具） 長袖作業着、ヘルメット、耳栓、軍手（2枚重ね）、安全靴

資料：人事賃金センター・職務分析員養成コース資料

第4章◆職務分析・評価の方法と手順　99

図表 4-3　遂行業務記述例（事務職）

課業名、内容（頻度%）	使用機器・帳票
1．採用（60%） **1）学科別採用人員の調整** ・グループ統括リーダー（GL）の指示内容にもとづき、前例を参考に退職者数を予測、入社2〜3年の社員構成等を考慮し、文・理それぞれの採用人員を仮に設定し、事業統括役員（理系）、営業統括役員（文系）に確認し、各統括役員の意向を尊重しつつ、翌々年度の学科別採用必要人数を取りまとめる ・各統括役員の要請により仮設定数値と大きな差が生じた場合、GLに報告し指示をあおぐ	
2）年度採用計画の企画 ・学科別採用必要数が決まると、採用戦線動向（リクルート媒体業者から聴取、自社HPへの学生アクセス件数等より類推）、当年度実績等を考慮し、採用スケジュール、選考方法、重点校、ツール、予算案等を企画する	パソコン
3）採用試験問題の作成・採点 ・年度採用計画にもとづき、新聞、雑誌、就職試験問題集等を参考にして、文系の試験問題（一般教養（小論文含む）、英語）と理系の試験問題の一部（英語）を作成し、試験終了後、その採点も行なう ・理系の専門試験の問題については、その作成と採点を担当部門に依頼する ・性格適性試験問題を業者に発注する	新聞、雑誌 就職試験問題集
4）大学への求人 ・年度採用計画にもとづき、指定された大学（教授、就職部）を訪問し、訪問先教授の情報（専攻、関心事、嗜好等）を考慮して、情報提供（会社概要、OB動向、他大学動向等）、情報入手（学生の数、学生の活動・内定状況等）を行ないながら親近感を醸成しつつ、学生の紹介を依頼する ・その場で紹介があった場合、学生と面談し、その学生と以降のスケジュールを調整する ・大学就職セミナー、大学主催就職懇談会があれば参加し、応募者拡大をはかる	贈答品
5）会社説明会の実施 ・年度採用計画にもとづき説明会日程を設定する ・学生からの電話またはEメールによる参加申し込みを受けると、「来社希望学生進行状況一覧」に必要事項を記入し、学生と日時を調整し、来社をうながす ・説明会では募集要項、会社概要書をもとに会社概要、募集内容、職務内容等の説明を行ない、疑義があればその場で対応する ・技術的問題で回答がむずかしい場合には、担当部門に応援を依頼する ・学生の態度の観察により、自社人間像を踏まえ、有望と判断される学生、または教授から紹介された学生については、説明会終了後、面談し、応募を促す	来社希望学生進行状況一覧 募集要項 会社概要書
6）面接試験の実施 ・年度採用計画にもとづき面接者と日程調整し、面接日を決める。面接日前日には面接者に面接資料（学生資料、筆記試験結果、性格適性試験結果、面接評価票）を渡す ・一次面接（担当部門長（または次長）、グループ統括リーダー（GL）、当職の三者構成）においては、進行役を務め、自らも評価を行ない、合議で一次面接合否を決定する ・二次面接（社長、統括役員、当職の三者構成）においては学生の援護者としての位置づけで参画し、学生のバックアップをする。面接終了後、社長、役員の合否意向を確認する	学生資料 筆記試験結果 性格適性試験結果 面接評価票
7）選考結果の通知 ・採用選考結果の決定にもとづき、電話で応募者、教授等大学関係者へ結果を連絡する ・大学関係者紹介で不採用とした場合、ただちに当該校を訪問し、理由説明とお詫びをし、関係維持をはかる ・内定者に対する「内定通知」「入社承諾書」発送の手配をする	内定通知 入社承諾書
8）有望な入社勧奨者の勧誘 ・GLの指示にもとづき該当者と面談し、その場で先方の転職意志を確認するとともに、先方のニーズ（処遇、希望従事職種等）を聴取する	

課業名、内容（頻度%）	使用機器・帳票
・当社の状況を説明するとともに、当社の美点を売り込み、入社をうながす ・面談過程で先方を観察し、当社社員像との比較から、当社に適応しそうか否か 　を判断し、不適応と判断した場合にはGLに報告する ・勧誘を継続する場合、必要に応じて社内関係者との面談の設営を取りはからう **9）内定者フォローアップ** ・年度採用計画にもとづき、電話連絡、Eメール、文書等による連絡、直接訪問 　により内定者と定期的に接触を行ない、入社意志の継続をはかる ・接触過程における相手の言動から入社辞退の可能性を探り、可能性の高い学生 　については、接触を密にするとともに、その理由を探り、対応策を考えて対応 　する ・入社辞退の意向が示された場合には、説得・慰留に努める **2．教育（新卒）（40%）** **1）年間教育計画の企画** ・業務処理計画にもとづき、前年の教育計画を参考にして、当該年度の会社方針、 　他社の教育事例、前年度のアンケート集計結果、研修レポート等を考慮しなが 　ら年間教育スケジュール、教育内容、重点項目（年度テーマ）を企画する **2）新卒入社前教育の実施** ・年間教育計画にもとづき、市販教材を用いて提出レポートを作成し、内定者に 　郵送する ・内定者から提出レポートが戻ってくると、市販教材付属の模範解答などをもと 　に添削し、返却する ・内定者から会社への質問がある場合には、前例・会社方針、役員への問い合わ 　せ確認内容等をもとに回答書を作成し、全内定者に送付する **3）新卒入社時教育計画の立案** ・年間教育計画にもとづき、前例、過去スケジュール、他社事例を参考に、教育 　重点テーマを勘案し、学歴別教育計画（日程、講師、カリキュラム等）を企画 　する ・新規講師の場合には依頼・交渉し、講義内容等のすり合わせを行なう **4）新卒入社時教育計画の実施** ・新卒入社時教育計画にもとづき、入社時教育の実施 ・期間中は世話役として終始付き添い、新入社員の指導・ケアにあたる ・講師も務めるが、講義にあたっては、事前に過去事例、受講済みセミナーテキ 　スト、市販教材等を参考に、講義資料・レジュメを作成する **5）新卒工場研修の選定と依頼** ・年間教育計画にもとづき、新卒者ごとの研修先工場振り分けを行なうが、理系 　の場合は内定者データ（学歴、専攻等）、入社2～3年の社員構成表等を担当 　役員に提示し、研修先と重点研修項目を決めてもらい、その後に研修先工場に 　受け入れ依頼を行なう（担当役員から事前に連絡してもらう） ・文系については実績事業所への振り分けを行ない、GLの承認を受けた後に担当 　役員に報告、あわせて（理系の）担当役員に研修先事業所を報告、事前連絡を 　依頼し、その後、決定先に受け入れ依頼を行なう **6）新卒工場研修のフォロー** ・年間教育計画にもとづき、工場研修中の新卒者の指導、ケアを下記により行な 　う ・3ヵ月おきに提出される研修レポートによる研修進捗状況を把握し、レポート 　に付するコメントによって激励する ・3ヵ月目、9ヵ月目に研修先工場へ出向いての面談でメンタルケア、カウンセ 　リングを行なう ・6ヵ月目に集合研修を運営・実施するとともに個人面談を行ないメンタルケア、 　カウンセリングを行なう ・研修期間中に退職意志表明、異常事態が発生した場合は、状況確認をするとと 　もにGLに報告し、指示をあおぐ。GLの指示を受けて対応する ・研修先での研修期間を延長する場合には、研修先工場に出向き、面談を行ない、 　説明・疑義解明等を行なう	 アンケート集計結果 研修レポート 市販教材 内定者データ 社員構成表

資料：人事賃金センター・職務分析員養成コース資料

〔遂行要件〕

　各会社で職務価値の評価要素として選定した遂行要件（能力・負荷）を要素別に分類整理して記述する（図表4-4）。

　評価要素の選定は評価対象職務の相対的な価値を評価しうる要素を選定することが条件になるが、個別企業の職務価値に対する考え方により一様ではない。検討にあたっては次の事項に留意する。

◆職務の遂行上重要な指標であること

◆客観的に観察把握できるものであること

◆各要素間に重複部分がないこと

◆職務によって、その存在の程度に差異があること

◆一般に納得され、理解されるものであること

◆賃金項目のなかに、評価要素に対応する手当てとして設定されていないこと

❷記述の方法

　この要素ごとの記述内容にもとづいて職務が評価され、職務価値が

図表 4-4　職務価値把握の基本的考え方

大区分	職務価値のとらえ方		評価要素	
	中区分	摘　　要		
能　力	精神的能力	仕事をするうえで知識として知っていなければならぬもの	知　識	
		仕事をするうえで能力としてもっていなければならぬもの	判　断	
			対人折衝	
	身体的能力	仕事をするうえで技能として身につけていなければならぬもの	身体的熟練	
負　荷	精神的負荷	仕事をするうえで精神的負担となるもの	責任	業務責任
				監督責任
			災害危険	
	身体的負荷	仕事をするうえで身体的負担となるもの	感覚的疲労	
			身体的努力	
			作業環境	

資料：『職務分析入門』日経連職務分析センター編（1981年）より

図表 4-5　評価要素・定義・キーワード例

評価要素	定　　義	キーワード
知　　識	職務遂行上必要とする、基礎知識（実務の裏付けとなる学問的、専門的知識）および実務知識（企業固有の知識）	（必要とする知識の対象）について、（要求される知識の程度）ができる程度の知識
身体的熟練	職務遂行上必要とする、精密さ、複雑さ、腕・勘等に対応しうる手足の技能・身体全体の協応動作、および五感にもとづく感覚的判断	（作業名）において、（要求される技能の内容と程度）する場合の経験的技能（または感覚的判断）
判　　断	職務遂行上必要とする、基礎知識、実務知識を基礎として、職務の遂行過程で選択し、工夫し、創意し、応用する等の頭脳的働き	（作業名）において、（要求される判断の内容と程度）する場合の判断
対人折衝	職務の遂行過程で、人に接し、応接し、連絡し、協議し、交渉する等の頭脳的働き	（作業名）において、（誰）と、（または、に、へ）（要求される折衝の内容と程度）する場合の交渉力（または、社交力、説得力、折衝力、説明力）
業務責任	職務を誤りなく遂行する責任で、職務を誤りなく遂行するために払う防止努力、すなわち精神的負荷の程度	（作業名）において、（誤作業、誤操作、誤動作）すると、（発生が予想される損害の内容）するおそれがある。…… （発生が予想される損害の大きさ、程度）
監督責任	部下を人事上管理する責任 ・部下の士気を向上させる責任 ・部下に服務規律を遵守させる責任 ・職場内の人間関係を良好に保つ責任	（管理する部下の数）
感覚的疲労	職務の遂行にともなう五感の疲労、および職務の単調性にともなう負担感	視覚緊張：罫書作業（5回、20分） 聴覚緊張：異常音注意（5回、10分） 単調感：ベルトコンベア作業（7時間）
身体的努力	職務の遂行にともなう身体的疲労 ・仕事の強度 ・持続時間	作業区分 I ：PCインプット（1時間） 　　　　　手待ち（座位15分） 　〃　　 II ：作業日報作成（1時間） 　〃　　 III ：旋盤作業（3回、2時間） 　〃　　 IV ：材料の取り付け・取りはずし 　　　　　　 （4回、1時間） 　〃　　 V ：ヤスリがけ（3回、2時間） 　〃　　 VI ：運搬作業（冶工具 　　　　　　 4～5キロ、4回、30分）
作業環境	職務を遂行する場所の環境 ・温湿度、騒音、粉塵、ガス、照明、汚染等	温度：春期（30度、8時間） 　　　秋期（25度、8時間） 騒音：切削音（100デシベル、1時間） 粉塵：切粉（1500個/cc、1時間） 照明：100ルクス（8時間） 汚染：切削油による作業服の汚れ 　　　（1週間に1回洗濯） 保護具：安全靴、安全眼鏡、手袋
災害危険	職務の遂行にともない生ずる災害および疾病の危険で、自らに及ぼす、災害を防止するために払う精神的負荷の程度	旋盤作業：切粉の飛散による眼傷のおそれ 鋳造作業：製品の取出しの際、火傷のおそれ

第4章◆職務分析・評価の方法と手順　103

図表 4-6　遂行要件の例（技能職）

＜職務名：鋳造試作＞

項目	遂 行 要 件
知識	1．取扱機械（フォークリフト、クレーン、ダイカストマシン）、工具（ガスバーナー、スパナなど）、測定具（スケール）、原材料、使用薬品について、その名称、種類、操作手順、方法を理解し適正に取り扱うことができる程度の知識 2．鋳造方法について、不具合を発見し、原因を見極めるとともに鋳造条件を調整できる程度の知識（溶湯温度、射出速度、型開き時間、離型濃度の調整など） 3．金型について、不具合状況を設計担当者に説明し、金型構造・形状改善の意見具申ができる程度の知識 4．担当工程の範囲、加工手順、方法、加工上の留意点、前後工程の内容について、試作作業を適切・安全・タイムリーに行ない、量産化に向けての助言ができる程度の知識 5．製品図面について鋳造条件の設定ができる程度の知識
身体的熟練	1．離型剤の塗布において、製品が適切に離型されるように塗布する場合の経験的技能 2．湯口方案除去において、製品に傷をつけることなくバリを除去する場合の経験的技能 3．品質管理において、目視により不具合製品を検出する場合の経験的技能 4．金型の取付作業において玉掛けクレーンでダイカストマシンに固定金型を機械に平衡に取り付けるとき、0.5mm 以内の精度で調整できる経験的技能
判断	1．機械の点検において、異常の程度により、係長に報告する場合の判断 2．金型の取り付けにおいて、引抜中子が複数ある複雑な金型を、形状や前例、類例を参考に作業標準以外の方法で取り付ける場合の判断 3．離型剤塗布条件の設定において、金型の形状、材質、製品図面から、前例、類例を参考に離型剤の種類、希釈率、塗布位置、塗布量を決定する場合の判断 4．条件の再調整において、試作品の不具合に応じて、前例、類例を参考に、鋳造条件を変更する場合の判断 5．条件の再調整において、不具合原因が金型にある場合に、不具合程度、前例、類例により、自部署内対応が可能か否かの判断 6．金型修理打ち合わせに際して、試作品の現物、日報をもとに、前例、類例を参考に、不具合の解決のために設計担当へ意見具申を行なう場合の判断 7．準備作業において、製品図面にもとづき、材料量を決定する場合の判断 8．作業予定作成表において週間工程表にもとづき、試作の優先順位を考慮して、段取り等を決定する場合の判断
業務責任	1．機械の点検・保全を誤ると、破損・人身事故および作業進捗に支障をきたすおそれがある（35 分弱） 2．金型の取扱いにおいて、クレーン操作、取付作業、保全を誤ると金型を破損・サビさせるとともに、人身事故を引き起こすおそれがある（145 分）。取り付け取りはずし 200 万〜数千万円 3．品質確認・作業日報記入においてそれぞれ所定の方法・記入を誤ると後工程に支障をきたすおそれがある（70 分）　品質確認、日報記入、修理打合せ 4．鋳造条件設定において、離型剤塗布条件を誤ると金型を破損するおそれがある（15 分）

項目	遂 行 要 件
監督責任	
感覚的疲労	1．単 調 感：特になし 2．視覚緊張：離型剤塗布作業（約50個　10分／日） 　　　　　　　全数品質確認作業（約50個　15分／日） 3．聴覚緊張：油圧ポンプ異常音確認作業（30分／日）
身体的努力	Ⅶランク　溶湯の準備　（30分／日）　　　0.5h〔1.2+5.0〕Ⅶランク Ⅵランク　溶湯汲み出し（35分／日）　　　0.6h〔1.2+4.0〕Ⅵランク Ⅴランク　湯口方案除去（10分／日）　　　0.2h〔1.2+3.5〕Ⅴランク Ⅳランク　金型の取付け（85分／日）　　　1.4h〔1.2+1.2〕Ⅳランク Ⅲランク　その他の作業（200分／日）　　3.3h〔1.2+0.9〕Ⅲランク Ⅱランク　報告業務　　（90分／日）＋）1.5h〔1.2+0.7〕Ⅱランク 　　　　　　　　　　　　　　　　　　20.4 段階 9／10×20.4／7.5－1=1.4（労働強度）→段階「2」
作業環境	1．温度：夏期（3ヵ月　38〜40度）、春秋冬（9ヵ月　25度前後） 　　　　　　　　　　　　　≪夏は（7）Cハ冬は0点で→6点／2≫ 2．騒音：ブロアー音（7.5時間）80デシベル（ときどきMAX110デシベル） 　　　　　　　　　　　　　　　　　　　　≪（2）Bハ→4点≫ 3．粉塵：特になし　　　　　　　　　　　　　　　　≪0点≫ 4．臭気：フラックス時の臭い　　　　　　　　　　　≪0点≫ 5．照明：100〜200ルクス（7.5時間）　　　　　　　≪0点≫ 6．汚染：作業服のよごれ（2日に一度の洗濯） 　　　　　　　　　≪（6）BとCの間でCに近いこと→4点≫ 7．保護具：安全靴、ヘルメット、保護メガネ、長袖作業着、軍手、耳栓 　　　　　　　　　　　　　　　　　　　　　　合計　11点
災害危険	1．金型取付・外：玉掛、クレーンの誤操作による、落下、はさまれ傷害のおそれ（約70分） 2．製品取出時、湯口方案除去：不注意による火傷のおそれ（約30分） 3．金型取外：高温化（80度）した冷却水がかかることによる火傷のおそれ（約5分） 4．溶湯汲出：水蒸気爆発、ステップ踏みはずし、飛散、かぶりによる火傷のおそれ（約35分） 5．品質確認：鋸盤、スライス盤誤操作による手指切傷のおそれ（約5分）
その他	

第４章◆職務分析・評価の方法と手順　105

図表 4-7　遂行要件の例（事務職）

＜職務名：人事担当Ａ＞

項目	遂　行　要　件
知識	1．自社の製品・技術について、技術系大学教授からの意見・質問等に応答できる程度の知識 2．会社概要について、学生や中途応募者に説明できる程度の知識 3．英語について高校卒業程度の試験問題作成、英作文の採点ができる程度の知識（英検２級） 4．労働関連法規（男女雇用機会均等法）、同和問題等について、抵触の有無を判定できる程度の知識 5．社内規定（人事処遇、海外勤務、旅費等に関する）について、新入社員（含中途）や海外赴任者に説明できる程度の知識 6．若手社員（特に実習中）について属人情報や特性を把握し、取締役に配属案を進言できる程度の知識 7．人員構成の統計情報について、部門ごとに、学科別必要採用数を想定できる程度の知識 8．現地法人所在国の規則・規定類や、現地賃金相場等について必要な情報収集を行なえ、回答できる程度の知識 9．面接技法について、面接のリード役として学生からの情報を引出し、役員に供せる程度の知識
判断	1．学科別採用人員の人事案作成において、退職者数推移予測・過去採用実績・各部門の人員構成・状況から最適人員を決定する場合の判断 2．採用試験問題作成において、就職試験問題集、大学・高校入学試験問題集、実用英語技能検定試験問題集（２〜３級）などを参考に、会社の求める人材を選べる程度の問題を作成する場合の判断 3．年度採用計画の企画において、採用戦線動向、当年度実績などを参考に、重点校の設定、スケジュール作成、経費予算の見積り、会社説明会を企画する場合の判断 4．海外給与改定において日銀統計・他社動向などを考慮して賃金改定する場合の判断 5．採用面接・会社説明会・入社勧奨者の勧誘において会社の要求する人材か当社に適応しそうか否かを職場ニーズと自社社員像を踏まえ見極める場合の判断 6．内定者との接触過程において、内定者の言動から、内定辞退の予兆を見極める場合の判断 7．採用面接において男女雇用機会均等法などを考慮しながら面接官（役員）の質問内容を的確に軌道修正する場合の判断
対人折衝	1．学科別採用人員の調整において、生産技術・営業・管理担当取締役に対して人事案を説明し調整を行なう場合の説得力と折衝力 2．年度採用計画の企画において、採用戦線動向についてリクルート媒体業者や他社採用担当者から情報を聴取する場合の社交力と話術 3．大学への求人において、教授との信頼感を構築できる社交力と学生紹介を受けることができるよう会社を売りこむ場合の話術や交渉力 4．大学への求人において、学生紹介があった場合や会社説明会後の面談で応募を促す場合の話術と説得力 5．教授紹介の学生を不採用とした場合、教授等に対し、報告し関係維持をはかる説得力 6．会社説明会の実施において、会社についての理解を得る場合の説明力 7．面接試験の実施における二次面接での学生への支援・バックアップを行ない学生をリラックスさせる場合の社交力 8．有望な入社勧奨者の勧誘において、本人の動機や希望、当社に適応しうるかの判断材料を聞き出す場合の話術と入社を促す説得力 9．内定者フォローアップにおいて、内定者の入社意志を探り出す場合の話術と気持ちが揺れている内定者の不安要素を除去し慰留する場合の説得力

項目	遂 行 要 件
業務責任	1. 年度採用計画の企画において、募集方法、選考方法、スケジュール等を誤ると有能な人材の採用が困難になるおそれがある 2. 大学への求人において、重点校等への定期的な訪問スケジュール管理を誤ると、中長期的にその経路で採用できないおそれがある 3. 大学への求人において、教授への対応を誤ると、自社として欲しい学生が採用できないおそれがある 4. 会社説明会において、自社の魅力を十分アピールできないと、自社として欲しい学生の応募機会損失のおそれがある 5. 不採用通知において、不採用理由の説明が不十分だと、自社のイメージが損なわれるばかりか悪い情報を流布されるおそれがある 6. 内定者のフォローアップにおいて、入社意志の確認を誤ると入社辞退者を発生させるおそれがある 7. 海外給与改定の企画において、統計や指数のデータを読み誤ると、海外赴任者の不満や会社としてのコスト増につながるおそれがある 8. 海外赴任者へのコンサルテーションにおいて、本人ニーズの把握を誤ると、不安を解消できず、モラールの低下につながるおそれがある 9. 面接において、セクハラや男女雇用機会均等法について他の面接官の発言を軌道修正するのを誤ると、対外的信用を失うおそれがある
監督責任	
感覚的疲労	1. 自動車運転時における視覚疲労（３h／日、40日／年） 2. PC操作時における視覚的緊張（４h／日）
身体的努力	1. PCインプット（４h／日） 2. 自動車運転（３h／日、40日／年）
作業環境	1. 特になし
災害危険	1. 乗用車の運転中、他車よりの衝突による大きな傷害のおそれ （走行時間３h／日、40日／年）
その他	

第４章◆職務分析・評価の方法と手順　107

決まるので、評価に必要な要件はもれなくすべて記述する。この要件が抽象的な表現で記述されていたり、書き方に統一性を欠くと、評価者の間にばらつきが生じる結果となるので、具体的に記述する。

その際、あらかじめ選定した評価要素ごとの定義を明らかにしておくことが必要である。また、記述にあたっては、キーワードを定めておくと便利である（図表4-5、図表4-6）。

2. 職務評価の方法（点数法の例）

職務分析によって「遂行業務」「遂行要件」が把握できたら、次に「職務評価」を行なう。職務評価とは、一つの企業または組織にある、個々の職務の相対的な価値序列を決める一連の組織的な手段・手法である。

職務評価の方法には、「序列法」「分類法」「点数法」などがあり、日本の企業で主に採用されているのは、点数法と分類法である。点数法では、職務を総合的にではなく、評価要素ごとに分析的に評価する。また職務と職務を相対比較するのではなく、評価基準を設けて基準に照らして評価し、結果を量的に把握する。

点数法によって行なわれる職務評価の一般的手順は次のとおりである。

❶点数法の職務評価基準の作成

点数法における評価基準の作成にあたっては、①前もって選定されている職務評価要素に段階区分を設け、段階ごとに基準（程度を示すのに適切な内容・表現）を作成する。この場合、職掌ごとに選定する評価要素、段階数、基準の内容・表現に違いがあるのが一般的なことから、職務評価基準も職掌ごとに作成するのが適切である。また、点

数法によって職務評価をする場合、②「評価要素別の評価基準」にもとづき、個々の職務を要素ごとに評価するので、評価要素ごとに「段階区分」を設け、その段階ごとにその程度を示す「段階基準」を作成する。作成の手順としては、基準職務（代表的で多くの人がよく知っている職務）を対象に、評価要素ごとに序列をつけ、次に評価要素それぞれの序列内における有意の差に着目して「段階区分」を設け、そのうえで段階区分ごとにその程度を適切な内容・表現で示しまとめる（図表4-8、図表4-9）。

❷ウエイトの設定

「ウエイト」は、各評価要素が職務の価値を構成している重要さの

図表 4-8　点数法による職務評価基準例（事務・営業・技術職掌）

知識段階区分

段階	程　　　　　度
A	所定の手順・方法に従って処理すればよい、単純または繰り返し作業に必要な程度の基礎的素養と、実務知識
B	まとまりのある単純業務の処理過程で必要な程度の基礎的素養と、担当業務に直接関係のある基礎知識、ならびに担当業務の標準的処理手順・方法、使用する規程、帳票等を理解する程度の実務知識
C	まとまりのあるやや複雑な定型業務を処理するうえで必要な程度の、担当業務に直接関係のある社会、人文、自然科学に属する基礎知識、ならびに担当業務の処理手順・方法や、応対先、前例、類例等を理解する程度の実務知識
D	条件変化のある非定型業務を処理するうえで必要な程度の、担当業務に直接関係のある社会、人文、自然科学に属する基礎知識、ならびに担当業務に関するいくつかの異なる処理手順・方法や、やや広い応対先、多様な前例・類例等を理解する程度の実務知識
E	条件変化の多い非定型業務、または限定された分野の企画・立案・判定業務を処理するうえで必要な程度の、社会・人文・自然科学に属する基礎知識と、これに関連する専門知識、ならびに下級者に対する業務指導や、担当業務の業務計画の立案、担当業務に直接関係のある規程、基準の立案等ができる程度の実務知識
F	企画・判定業務の処理、または定型・非定型業務の統括を行なう過程で必要な、担当および関連する分野の社会・人文・自然科学に属する専門知識、ならびに部下または下位者に対する作業配分、作業指示、担当分野の業務計画の立案、例外事項の処理等ができる程度の実務知識

注：1．本職掌中、特に高度な熟練を要する事務機器、実験機械器具の取り扱い、感覚的判断等、身体的熟練を要するような技術を含む場合は特例として本要素に含め評価の際考慮する
　　2．社会科学：法律、経済、経営、政治等
　　　人文科学：文学、歴史、美術、地理、語学等
　　　自然科学：機械、化学、電気、数学、物理、生物等

第４章◆職務分析・評価の方法と手順　109

判断段階区分

段階	程　　　　　度
A	上司・上級者の指示、または所定の手順・方法に従って処理すればよい程度の単純な判断
B	まとまりのある単純業務を処理する過程で、標準的処理手順・方法を踏まえて、二者択一的に選択する程度の判断
C	まとまりのあるやや複雑な定型業務を処理する過程で、対象業務の変化に応じて、いくつかの前例・類例から適時適切なものを選択し、組み合わせ、工夫する程度の判断
D	条件変化のある非定型業務を処理する過程で、担当業務に直接関係のある処理手続きの見直し改善や、対象業務の変化に応じて、いくつかの異なる処理手順・方法、多くの前例・類例から、適時適切なものを選択し、組み合わせ、工夫する程度の判断
E	条件変化の多い非定型業務、または限定された分野の企画・立案・判定業務を処理する過程で、主として自己の裁量により、企画、立案、工夫、応用を行なったり、下級者の能力、熟練度に応じた、適切な業務指導方法を選択する程度のやや高度な判断
F	企画・判定業務の処理、または定型・非定型業務の統括を行なう過程で、自己の裁量により、創意、企画・立案を行なったり、異常・例外事項発生時の臨機な処理方法を、適時適切に選択する。また、部下または下級者の能力、熟練度に応じた、適切な作業配分の企画、立案、作業の進捗状況・結果の適否の判定、異常がある場合の臨機な措置を適時適切に選択する程度の高度な判断

対人折衝段階区分

段階	程　　　　　度
A	日常の挨拶を交わす程度の応接
B	業務上の簡単な連絡、一般来訪者の受付等を行なう場合の、ある程度の如才なさ、社交力
C	標準的処理手順・方法に従い処理する過程で、他課・係や、継続的取引先等に対し、通知、連絡、説明を行なう場合の要領を得た説明力
D	他課・係や、新規を含む小口取引先等に対し、日常的な非定型業務を処理する過程で、業務の進行状況・過程の連絡・打ち合わせや簡単な疑義の問い合わせ・回答、取引先に商品説明等を行なう場合の、当を得た説明力、折衝力
E	他課・係や新規を含む多様な取引先等に対し、定例的な非定型業務や企画・判定業務の一部を処理する過程で、業務計画・手順・日程の事前または変更の調整や、疑義の解明・取引先との商談等を行なう場合の、やや高度な折衝力
F	他部・課の上級者、新規大口取引先に対し、企画・判定業務や定例的定型・非定型業務の総括を遂行する過程で、企画・立案事項実施の調整や例外事項発生時の処理、新規取引条件の下交渉等を行なう場合の、高度な折衝力、説得力

業務責任段階区分

段階	程　　　　　度
A	上司・上級者の指示、または所定の手順・方法に従って処理すればよい、単純または繰り返し業務なので、これを誤っても簡単な訂正で足り、他の業務への影響はほとんどない
B	単純または繰り返し業務であるが、まとまり仕事を担当する過程で、これを誤ると自らの訂正作業が増え、上級者・同僚に迷惑をかける等、若干の影響を及ぼす
C	まとまりのあるやや複雑な定型業務を処理する過程で、これを誤ると、課内訂正作業の増加、作業手順の変更等、課内業務の進行に影響を及ぼす
D	標準的処理手順・方法は定められているが、条件変化のある非定型業務を担当する過程で、これを誤ると、課内外の業務の停滞等、かなりの影響を及ぼす
E	条件変化の多い非定型業務、または限定された分野の企画・判定業務を担当する過程で、これを誤ると、社内外の関係業務の停滞等、時間的損失のみならず、対外信用にも影響を及ぼす
F	企画・判定業務や、定例的定型・非定型業務を総括する過程で、これを誤ると、社内外の関係業務の停滞・混乱等、時間的損失のみならず、対外信用にも大きな影響を及ぼす

度合いを示すものである。どの要素が職務価値の何％を構成しているかについての絶対無二の基準があるわけではない。

　ウエイトを設定する目的は、あくまでも総合評価点による職務序列を適正に導き出すことにあるため、各企業にもっとも適したウエイトを定めている。通説的あるいは平均的ウエイトを前提に試算し、社内合意が得られるまで話し合い、決定するのが実際的である。

❸評価要素別段階への評価点の配点

　評価要素ごとのウエイトが決定できたら、要素別ウエイトにもとづき、各段階に配点する。具体的には、まず最低段階と最高段階を決定し、次にその中間段階に対しそれぞれ配点を行なう。この中間段階に対する配点の仕方には通常、次の方法がとられている。

①等差級数法

　最低点と最高点を直線で結ぶ方法で、段階ごとの点数差が等しくなるように設定する（図表4-10）。

（算式）
$$d = \frac{L - A}{n - 1}$$

　　　　d＝各段階の格差　　L＝最高点数　　A＝最低点数　　n＝段階数

第4章◆職務分析・評価の方法と手順　111

図表 4-9　点数法による職務評価基準例（技能職掌）

身体的熟練段階区分

段階	程　　　　　度
1	単純な作業で特に身体的熟練を必要としない作業
2	簡単な調節、部品取替等のやや手足の協応動作を要する機械操作または手先の器用さを要する手作業で比較的短期の熟練で足りる作業
3	定型反復的な熟練を要する作業であるが、定められた基準があまり複雑でない作業、たとえば機械の数ヵ所を調節して手作業で一定の基準（±1mm）内に製品を仕上げる作業、選別操作を行なうのにやや目と手の協応動作を要する作業、定められた基準どおり化学処理を行なうのに腕や勘を要する作業
4	専門的な熟練を要する作業で、たとえば技術標準どおりの精度（±0.1mm程度）を手作業で出すために、与えられた機械のくせに応じて機械操作を行ない、慣れと勘を要する作業、複雑な機械装置の調節にスピード、タイミング、腕や勘をともなう作業、正確な化学処理または手作業を行なうのに高度な腕や勘を必要とする作業
5	かなり高度な熟練を要する作業で、たとえば手作業で許容度の狭い（±0.01mm程度）製品、部品を図面どおりに仕上げるため、機械の段取り微調整等の機械操作にかなりの勘とコツを要求される作業、かなり高度な熟練を要する手作業、製品の仕上げ作業、化学処理作業等
6	高度な熟練を要する作業で、たとえば手作業で許容度のきわめて狭い（±0.001mm程度）切削、仕上等を行なうような作業、複雑な精巧機械の分解、組立、調節に高度な目と手の協応動作を必要とする作業

身体的努力段階区分

段階	程　　　　　度
1	きわめて軽い身体的努力しか必要としない作業で、春秋では汗ばむこともなく、日常家庭生活における作業の程度（労働強度：0.9未満）
2	軽く力を要する作業が持続し、簡単な器具を用いて時々やや力を要する作業が加わる程度のもので、現場における軽作業はほとんどここに入る程度（労働強度：0.9〜1.6未満）
3	やや力を要する作業が持続し、作業中汗ばむことが多く、肉体労働の色彩が目立つ程度（労働強度：1.6〜2.2未満）
4	力を要する作業が持続し、冬でも作業中しばしば汗をかき、慣れないと苦しく感じられる程度（労働強度：2.2〜2.7未満）
5	力を要する作業が持続するなかで、しばしばさらに強い力を要する作業が加わり、この強い力作業のあとでは休憩をとらなければ長く続けられない程度（労働強度：2.7〜3.1未満）
6	力を要する作業が持続すると同時に、しばしば苦痛が顔に表われるほど激しく力を要する作業が加わるので、強い体力を備えた作業者でなければ遂行しえない程度（労働強度：3.1以上）

作業環境段階区分

段階	程　　　　　度
1	若干のよごれ、騒音等はあるが、とりたてて問題にならない環境
2	やや汗ばんだり、若干のホコリ、異臭等数個の不快項目はあるが、いずれも軽微であり、慣れれば気にかからない環境
3	たえず発汗したり、または会話に支障をきたすほど騒音があるなど、数個の不快項目がある。なかでも一項目の不快程度が大きく、慣れていても常に意識される環境
4	高温、高熱、連続的な騒音、手足のよごれなど一項目以上の不快程度が大きく、身体に受ける不快感が強く意識される環境
5	連続的な強度の騒音またはガスの目、鼻粘膜に対する強烈な刺激など一項目の不快程度が最大で、ほかに二項目以上の不快程度の大きい項目をともなっている場合、あるいは不快程度最大の項目が二項目以上ある場合であって、作業者に嫌悪感や苦痛を感じさせる環境
6	異常な高温、おびただしい粉塵、全身のよごれ等三項目以上の不快程度が最大で、総合した環境条件がはなはだしく悪く、しばしば休憩をとらなければ耐えがたい環境

資料：人事賃金センター・職務分析員養成コース資料

$$\begin{array}{ccccc} A & B & C & D & E \end{array}$$
（例）　10点（＋10）20点（＋10）30点（＋10）40点（＋10）50点

②等比級数法

最低点と最高点を逓増曲線で結ぶ方法で、段階ごとの点数倍率が等しくなるように設定する（図表4-11）。

（算式）　$d = {}^{n-1}\sqrt{\dfrac{L}{A}}$

d＝各段階の格差　　L＝最高点数　　A＝最低点数　　n＝段階数

$$\begin{array}{ccccc} A & B & C & D & E \end{array}$$
（例）　10点（×1.5）15点（×1.5）23点（×1.5）34点（×1.5）51点

③等級差等差級数法

最低点と最高点を等比級数法と同様、逓増曲線的に結ぶ方法だが、その度合いは弱く、第2階差が等しくなるように設定する（図表4-12）。

（算式）　$L = A + (n-1)a + \dfrac{(n-1)(n-1)d}{2}$

a＝第1階差　　A＝最低点数　　d＝第2階差　　n＝段階数

第4章◆職務分析・評価の方法と手順　113

図表 4-10　等差級数によるウエイト・段階配点の事例（技能職）

段階 \ 要素	技　　能			努　　力		環境	責任
	知識	身体的熟練	判断	精神負荷	身体負荷	作業環境	
1	20	17	13	12	14	11	13
2	40	34	26	24	28	22	26
3	60	51	39	36	42	33	39
4	80	68	52	48	56	44	52
5	100	85	65	60	70	55	65
6	120	102	78	72	84	66	78

図表 4-11　等比級数によるウエイト・段階配点の事例（技能職）

段階 \ 要素	技　　能			責　　任		努　　力		環　　境	
	知識	身体的熟練	判断	業務責任	監督責任	感覚的疲労	身体的努力	作業環境	災害危険
1	29	11	12	15	6	7	7	5	8
2	46	17	19	24	10	11	11	8	13
3	73	28	30	38	15	18	18	13	21
4	116	44	48	60	24	27	27	20	32
5	183	69	73	95	38	44	44	32	51
6	290	110	120	150	60	70	70	50	80

図表 4-12　等級差等差級数によるウエイト・段階配点の事例（技能職）

段階 \ 要素	技　　能			責　　任	努　　力		環　　境	
	職務知識	判断	技量	業務責任	感覚的疲労	身体的努力	作業環境	災害危険
1	20	8	12	20	12	10	10	8
2	31	13	18	28	18	14	14	10
3	48	20	28	44	28	22	22	16
4	71	29	42	68	42	34	34	26
5	100	40	60	100	60	50	50	40

L＝最高点数

	A		B		C		D		E
（例）	10点	（＋7）	17点	（＋9）	26点	（＋11）	37点	（＋13）	50点

（＋2）　　　（＋2）　　　（＋2）

❹点数法による職務評価の実施

職務分析で把握した各職務（まず代表的職務が対象になる）の評価要素別の遂行要件を「職務評価基準」に照らして評価要素ごとに評価し、該当する段階を「評価値」とする。

遂行要件はもれなく的確に把握していないと、適正な評価が行なえない。疑義がある場合は必ず再分析を行ない、的確に遂行要件を把握するなど、適正な評価が行なえるよう努めることが肝要である。

評価要素ごとの段階が決まったら、段階別評価点を合算して、その職務の「評価点」を算出する。

❺評価結果の全般調整

代表職務の評価を終えたら「評価結果一覧表」を作成して総合的に見直しを行ない、分析の方法や評価基準に問題がないかを検討する。そして必要な修正を加えたうえで、「評価結果一覧表」（部門別、職掌別）を作成し（図表4-13）、評価結果についての最終的検討、全般的調整を行なう。

❻点数法による職務評価と職務等級への格付け

評価基準にもとづき、職務ごとに行なった評価の結果を職務間の評価の差異によって相対的に見直し、調整のうえ、職務ごとに評価点を算出するのが、点数法による職務評価である。

職務評価が終わったら、評価点をいくつかの「職務等級」に区分し、各職務の評価点がどの職務等級に該当するかによって、各職務の職務等級が決まる（職務等級への格付け）ことになる。

第4章◆職務分析・評価の方法と手順　115

図表 4-13　評価要素別職務評価一覧表例（事務職掌）

職掌	職種	職務	知識	判断	対人折衝	業務責任	監督責任	感覚的疲労	身体的努力	作業環境	災害危険	点数
事務	総務	庶務A	E/190	F/150	D/60	E/116	C/25	A/4	A/4	A/2	A/2	553
		庶務B	D/120	E/95	E/95	E/116		B/6	A/4	A/2	A/2	440
		庶務C	B/48	B/24	B/24	B/29		A/4	A/4	A/2	A/2	137
		管材A	D/120	D/60	D/60	D/73		A/4	A/4	A/2	B/3	326
		管材B	C/76	C/38	C/38	C/46		A/4	A/4	A/2	A/2	210
	人事	人事A	E/190	F/150	E/95	D/73	C/25	B/6	A/4	A/2	A/2	547
		人事B	D/120	E/95	E/95	D/73		A/4	C/10	B/3	B/3	403
		人事C	D/120	E/95	D/60	B/29		B/6	A/4	A/2	A/2	318
		人事D	C/76	D/60	D/38	C/46		A/4	A/4	A/2	A/2	232
		人事E	B/48	B/24	B/24	C/46		A/4	A/4	A/2	A/2	154
	経理	経理A	F/300	E/95	D/60	F/180	B/16	B/6	A/4	A/2	A/2	665
		経理B	E/190	D/60	C/38	D/73		B/6	A/4	A/2	A/2	375
		経理C	C/76	D/60	C/38	C/46		B/6	A/4	A/2	A/2	234

資料：人事賃金センター・職務分析員養成コース資料

図表 4-14　等級区分例

【等差級数法例】

職務等級	職務等級区分
Ⅰ	100 ～ 150
Ⅱ	151 ～ 200
Ⅲ	201 ～ 250
Ⅳ	251 ～ 300
Ⅴ	301 ～ 350
Ⅵ	351 ～ 400
Ⅶ	401 ～ 450
Ⅷ	451 ～ 500
Ⅸ	501 ～ 550
Ⅹ	551 ～ 600

【等比級数法例】

職務等級	職務等級区分
Ⅰ	100 ～ 147
Ⅱ	148 ～ 216
Ⅲ	217 ～ 317
Ⅳ	318 ～ 465
Ⅴ	466 ～ 682
Ⅵ	683 ～ 1000

【等級差等差級数法例】

職務等級	職務等級区分
Ⅰ	100 ～ 143
Ⅱ	144 ～ 188
Ⅲ	189 ～ 235
Ⅳ	236 ～ 289
Ⅴ	290 ～ 335
Ⅵ	336 ～ 388
Ⅶ	389 ～ 443
Ⅷ	444 ～ 500

　職務等級の区分にあたっては「等級の数」と「等級区分の方法」を検討する。

〔等級の数〕

　評価の分布状況、標準的な昇級ステップ、設定される賃金水準（格差）のあり方などを総合的に考慮して決める。

〔等級区分の方法〕

　評価点を度数分布図にプロットし、有意の差を識別できる箇所と、その点数間隔を参考にしながら等級区分を行なう。

　実際の点数幅の設定にあたっては、評価要素別段階に評価点を配点した際（上記①～③）に等差級数法を用いているなら等級区分の点数幅も等差級数法を用い、等比級数法を用いた場合には等比級数法を、等級差等差級数法の場合には等級差等差級数法を用いるのが一般的である（図表4-14）。

図表 4-15　職務記述書例

職務（職位）名	上級インダストリー・システム・スペシャリスト　　　設定年月　　　　　年　　　月

職務設定組織	事業本部

職務概要

　担当業界に対する先進的な適用業務システムの拡充戦略を策定し、営業部門マネジメントとともに積極的に営業活動を推進し、営業目標達成に貢献する。

　複数の適用業務分野において専門家として認められる知識をもつとともに、担当業界のシステム化の動向を把握して、顧客に対しコンサルテーションを行なう。

　また、社員の適用業務知識向上のための教育体系を企画・立案し、関連部門と協業しその実施にあたる。

主要業務内容

1. 顧客の適用業務システム化戦略を策定し、新規適用業務システム導入の指導・援助を実施する
2. 稼働中の適用業務システムの評価・分析を行ない、専門的立場から向上・拡充のためのシステム化を顧客トップマネジメントに提言する
3. 営業職社員と協力して適用業務システムの円滑な開発・導入の指導を行なう
4. 複数の適用業務分野について専門知識をもち、担当業界における動向を分析して、顧客に対しコンサルテーションを行なう
5. 製品を分析・評価し、営業活動を支援するとともに、製品開発部門に情報の提供や提案を行なう
6. 先進的・大規模プロジェクトの企画・実施のチームリーダーとなる
7. 各種マーケティング・サポート・プログラムの企画・立案・実施を行なう
8. 社員の適用業務知識向上のための施策を企画・実施し、その向上を図る
9. 国内および海外のシステム情報入手の窓口として積極的にその役割を果たす
10. リソースの効果的活用を推進し、部署の業務目標達成に努める

職務の特徴

管 理 責 任	事業本部のシステム技術戦略の確立に重要な責任をもつ
利 益 責 任	適用業務ビジネスの拡大をはかって、事業本部の製品・サービス売上責任を達成する
対 内 折 衝	製品や適用業務の企画・分析・評価について関連部門マネジメントと協議する
対 外 折 衝	顧客トップマネジメントに対し、コンサルテーションを頻繁に行なう
作 業 条 件	社外での業務提供が多い

職務を遂行するために必要な要件

教　　　　　育	適用業務開発に必要な専門的技術知識をもつとともに、特定業界における技術動向が評価できる深い知識と分析能力
経　　　　　験	インダストリー・システム・スペシャリストあるいは同等の類似職位の経験 7 〜 8 年
創造・分析力	担当業界の顧客に対して専門分野の適用業務コンサルテーションが行なえる創造・分析能力

異動配置

118

図表 4-16　職務評価基準

〈評価要素〉教　育

　職務遂行上で必要となる知識や技能の程度

評価 等級	評　価　基　準	評価 点数
1	製造、営業業務あるいは総務事務領域の職務を遂行するため、もしくはこれらの 業務を管理していくうえで特定分野の一般的な知識や技能が求められる （高等学校課程で習得可能な知識程度）	20
2	製造、営業業務あるいは総務事務あるいは技術的補助業務領域の職務を遂行する ため、もしくはこれらの業務を管理していくうえで特定分野の専門知識や技能が 求められる （短期大学課程で習得可能な知識程度）	30
3	営業、技術あるいは管理業務領域の職務を遂行するため、もしくはこれらの業務を 管理していくうえで全般的なビジネス知識および担当分野の専門知識が求められる （大学学士課程で習得可能な知識程度）	40
4	専門的な原理や概念が必要とされる業務を遂行するため、もしくはこれらの業務 を管理していくため高度な専門知識が求められる （大学院修士課程で習得可能な知識程度）	60
5	新しい技法や概念にもとづき高度かつ複雑な課題解決の業務を遂行するため、き わめて高度な専門知識が求められる （大学院博士課程で習得可能な知識程度）	80

〈評価要素〉経　験

　職務を満足に遂行するために求められる会社方針や社内諸規程あるいは組織や慣行な
どの習得のために必要となる社内の実務経験の程度

評価 等級	評　価　基　準	評価 点数
1	特定分野の専門知識を確立するために同系列で5〜6年の実務経験が求められる （専門知識が求められる職種の第一線管理職が遂行できる実務経験）	15
2	特定分野の専門知識を確立するために同系列での経験のほか、関連業務での実務 経験が求められる（高度な専門知識が求められる職種の第一線管理職が遂行でき る実務経験）	20
3	特定分野の専門知識を確立するために同系列での経験のほか、関連業務での広範 な実務経験が求められる（専門知識が求められる職種の第二線管理職が遂行でき る実務経験）	25
4	特定分野の高度な専門知識を確立するために同系列および関連分野で8〜9年の 実務経験が求められる（高度な専門知識が求められる職種の第二線管理職が遂行 できる実務経験）	30
5	特定分野の高度な専門知識を確立するために同系列および関連分野で広範な実務経 験が求められる（高度な専門知識が求められる第三線管理職が遂行できる実務経験）	35
6	特定分野の高度かつ広範な専門知識を確立するために同系列および関連分野で10 〜12年の深いビジネス経験が求められる（高度な専門職務グループの第三線管理 職が遂行できる実務経験）	40
7	特定分野および関連分野の高度かつ広範なビジネス知識を確立するため、いくつ かの業務領域での深い経験が求められる（大部門長の職務が遂行できる実務経験）	45

第4章◆職務分析・評価の方法と手順　119

〈評価要素〉 結果責任

職務遂行の過程で行なわれる活動や決裁の重要度とその結果が会社組織に与える影響の程度

評価等級	評　価　基　準	評価点数
1	上位管理職の概括的な指示のもとで会社規程にもとづいて職務を遂行する。決裁内容はいくつかの課組織に影響を与える	40
2	上位管理職の概括的な指示のもとで会社規程にもとづいて職務を遂行する。決裁内容は自部門の組織全体に影響を与える	50
3	上位管理職の概括的な指示のもとで会社規程にもとづいて職務を遂行する。決裁内容は大部門の組織全体に影響を与える	60
4	上位管理職の概括的な指示のもとで前例などを参考に職務を遂行する。決裁内容は大部門の組織全体に影響を与える	70
5	上位管理職の概括的な指示のもとで前例などを参考に職務を遂行する。決裁内容は複数の大部門の組織に影響を与える	80
6	上位管理職の概括的な指示のもとで前例などを参考に職務を遂行する。決裁内容は複数の大部門の組織に多大な影響を与える	90
7	上位管理職の概括的な指示のもとで目標が与えられ職務を遂行する。決裁内容は多くの大部門の組織に多大な影響を与える	100
8	役員の概括的な指示のもとで目標が与えられ職務を遂行する。決裁内容は全組織に影響を与える	110
9	役員の概括的な指示のもとで目標が与えられ職務を遂行する。決裁内容は全組織に重大な影響を与える	120

〈評価要素〉 内部折衝

職務遂行の過程で通常社内で行なう折衝の目的、相手および頻度などの程度

評価等級	評　価　基　準	評価点数
1	説得力が求められる重要な連絡を同等もしくは上位の担当者と行なう	9
2	折衝力と影響力が求められる困難な連絡を同等もしくは上位の担当者と行なう	11
3	前項と同様の折衝を行なうが、頻度や困難さが相対的に高い	13
4	折衝力と影響力が求められる困難な連絡を第三線管理職もしくは部門の長と行なう	15
5	前項と同様の折衝を行なうが、頻度や困難さが相対的に高い	17
6	大部門に影響を与え、役員層と協議が要請される連絡を行なう	20
7	前項と同様の折衝を行なうが、頻度や困難さが相対的に高い	25
8	全社に影響を与え、役員層に助言・勧告をともなう連絡を行なう	30

〈評価要素〉外部折衝

　職務遂行の過程で対外的に会社を代表して行なう折衝の目的、相手および頻度などの程度

評価等級	評　価　基　準	評価点数
1	情報交換のため、定期的に連絡を行なう	11
2	情報交換や業務支援のため、会社や団体と通常の連絡を行なう	15
3	前項と同様の折衝を行なうが、頻度や困難さが相対的に高い	20
4	購買や契約業務あるいは官公庁および地域団体と折衝力や説得力を必要とする通常の連絡を行なう	24
5	前項と同様の折衝を行なうが、頻度や困難さが相対的に高い	30
6	通常の営業活動のための連絡もしくは困難な購買取引の商談、あるいは地域団体や顧客に対する慎重を要する業務連絡を行なう	40
7	前項と同様の折衝を行なうが、頻度や困難さが相対的に高い	45
8	営業活動のための連絡を、たびたび顧客トップマネジメントに行なう	70
9	前項と同様の折衝を行なうが、頻度や困難さが相対的に高い	85
10	営業活動のための連絡を通常、顧客トップマネジメントに行なう	100

〈評価要素〉利益責任

　職務遂行の過程で要請される経費、予算および資産管理の責任あるいは売上利益責任の程度

評価等級	評　価　基　準	評価点数
1	売上の直接責任はないが、長期の売上や経費管理に責任をもつ職務（第一線管理職がもつ経費管理責任と同等）	25
2	売上の直接責任はないが、長期の売上や経費管理に重要な責任をもつ職務（大規模の第一線管理職がもつ経費管理責任と同等で高度な経理業務知識を必要とする）	30
3	売上に直接責任をもつ職務、もしくは長期の売上や経費管理に重要な責任をもち、経費分析や改善勧告を行なう職務（第二線管理職がもつ経費管理責任と同等）	35
4	長期の売上や経費管理に重要な責任をもち、部門の経費管理を行なう職務（大規模の第二線管理職がもつ経費管理責任と同等）	40
5	売上に多大な直接責任をもつ職務、もしくは小規模事業場の経費管理に責任をもつ職務（第三線管理職がもつ経費管理責任と同等）	50
6	売上に重要な直接責任をもつ職務、もしくは小規模事業場の経費管理に責任をもつ職務（大規模の第三線管理職がもつ経費管理責任と同等）	60
7	売上にきわめて重要な直接責任をもつ職務、もしくは中規模事業場の経費管理に責任をもつ職務	70
8	売上にきわめて重要な主要製品・サービスの営業活動に直接責任をもつ職務、もしくは大規模事業場の経費管理に責任をもつ職務	80

第4章◆職務分析・評価の方法と手順　121

〈評価要素〉管理責任

　職務遂行の過程で求められる会社方針や会社基準を解釈する業務運営上の責任もしくは組織運営上の人事管理責任の程度

評価等級	評　価　基　準	評価点数
1	部門方針や部門基準の解釈に重要な責任をもつ。いくつかの組織が関係する手続きの設定に一部の責任をもつ（第一線管理職がもつ人事管理責任と同等）	10
2	前項の責任に加え、いくつかの組織が関係する現行基準の改定に一部の責任をもつ（大規模の第一線管理職がもつ人事管理責任と同等）	20
3	会社方針と全社基準の解釈に重要な責任をもつとともに、部門に関係する手続きの設定や現行基準の改定に一部の責任をもつ（第二線管理職がもつ人事管理責任と同等）	30
4	会社方針と全社基準の解釈に重要な責任をもつとともに、部門に関係する手続きの設定や現行基準の改定に責任をもつ（中規模の第二線管理職がもつ人事管理責任と同等）	40
5	会社方針と全社基準の解釈に全社的な責任をもつ。全社基準の設定および現行の全社基準の改定に一部の責任をもつ（大規模の第二線管理職がもつ人事管理責任と同等）	50
6	前項と同様の責任をもつが、責任の広がりが相対的に大きい（第三線管理職がもつ人事管理責任と同等）	60
7	会社方針と全社基準の解釈に全社的な責任をもつとともに、全社基準の設定および現行全社基準の改定に重要な責任をもつ（中規模の第三線管理職がもつ人事管理責任と同等）	70
8	前項と同様の責任をもつが、責任の広がりが相対的に大きい（大規模の第三線管理職がもつ人事管理責任と同等）	80
9	前項と同様の責任をもつが、責任の広がりが相対的に大きい（事業場長がもつ人事管理責任と同等）	90

〈評価要素〉作業条件

　事業場外での職務の遂行もしくは不快な環境での業務の提供などが求められる程度

評価等級	評　価　基　準	評価点数
1	通常は事業所内での職務遂行が要請される（出張はまれな業務）	0
2	騒音もしくは粉塵など肉体的に不快をともなう作業環境での職務遂行が要請される（月平均1週間程度の出張が求められる業務）	5
3	騒音や粉塵など不快な要因が重なった作業環境での職務遂行が要請される（月平均10日程度の出張が求められる業務）	10
4	騒音や粉塵など不快な要因が重なったきわめて劣悪な作業環境での職務遂行が要請される（月平均2週間程度の出張が求められる業務）	20

3. I社の職務分析・評価（職務記述例）

　以上、見てきたとおり、「評価要素」「評価要素別の段階区分・段階基準」「評価要素ごとのウエイト」「評価要素別段階への評価点の配点」「職務等級の数」「等級区分の方法」は企業の価値観、考え方により一律ではなくさまざまである。ここではI社の例を紹介する。

◆役割の概略…職務の概要を目的、方法、時期や頻度、場所という視点で職務の特徴や困難度、複雑度および責任がわかるようにまとめる

◆主要業務…固有業務を重要度の高い順に列挙し、目的や方法および重要度の程度などを具体的にする

◆管理責任…主要業務の遂行過程で求められる人事および業務管理の責任の種類（組織規模、監督・指導の内容、会社政策上の責任、資産の管理など）とその程度を把握する

図表 4-17　職務評価・職務等級（点数法）例

		○○事務課長	△△技術課長
評価要素	教　　　育	30	40
	経　　　験	25	20
	結果責任	50	50
	内部折衝	15	15
	外部折衝	20	11
	利益責任	25	30
	管理責任	20	20
	作業条件	0	10
		185	196

評価点幅	職務等級
100 ～ 145点	1
146 ～ 191	2
192 ～ 237	3
238 ～ 283	4

資料：『日本型年俸制の設計と運用』日経連職務分析センター編著（1996年）より

第4章◆職務分析・評価の方法と手順　123

◆利益責任…職務遂行上、管理する予算項目とその規模、あるいは営業収益や資産投資に関係する責任などを具体的にする

◆教育（知識、技能）…主要業務で求められる知識や技能はどの教育課程で習得できるかという面から明らかにしていく

◆実務経験…職務を遂行するうえでもっとも有効な職種や内容と、それぞれの経験期間という観点で把握する

◆創造力、分析力…主要業務を遂行する過程で要求される能力の程度を明らかにする

第5章
職務調査の方法と手順

1. 課業評価基準の作成

(1) 課業設定上の着眼点

　第2章で述べたとおり、役割等級制度または職能資格制度を導入する場合、等級や資格の格付け基準となるのが、各従業員に配分された「課業」である。課業を等級や資格の格付け基準に利用するためには、各課業のレベルが当該等級／資格の何等級に該当するのか、一つずつその内容を調べて評価する必要がある。これを「職務調査」と呼ぶ。

　たとえば、役割等級制度であれば、2等級に格付けされている従業員は2等級の課業を一定割合遂行しなければならず、職能資格制度であれば、2等級に格付けされるためには2等級の課業の一定割合を遂行し、かつそれが独力でできていることが求められる。

　そこで本章では、その役割等級制度や職能資格制度の導入にあたって実施する職務調査（課業調査）の一般的な方法を概説する。

　まずは、調査対象となる「課業」を把握する。課業とは、「一定の目的をもつ個々のまとまり仕事」のことであり（第1章4）、その把握にあたっては、仕事の目的、仕事の種類、仕事の程度に着目し、差異があれば別課業とする。ただし、まとまり仕事といっても企業規模や職種構成によって分業分担が異なり、一定ではない。たとえば従業員にかかわる業務を分掌する組織をとらえると、大企業では、組織の編成が人事部、労務部、厚生部、研修部…というようにいくつかの部に分かれ、さらに、たとえば厚生部に属するある従業員の仕事は、社会保険関係事務のうちの「資格得喪手続き」と「被保険者台帳の記録・保管」など範囲が限定されている例がよくみられる。一方、中小

企業では採用、配置、異動、給与、賞与、福利厚生など従業員にかかわるすべての業務は組織上、総務課の分掌業務の一部にしかすぎず、しかもそのすべてを一人の従業員が担当していることもある。そこで、課業はあくまで実態を踏まえ、次の諸点に留意してとらえる必要がある。

　①従業員一人ひとりの仕事の分業分担の態様に着目し、分業分担している仕事は課業としてとらえる。

　②以下の点に着目し、差異がある場合は別課業とする。

◆仕事の目的…なぜその仕事を行なっているのか、仕事の存在理由

◆仕事の種類…その仕事を行なううえで必要な知識・技能の種類

◆仕事の程度…その仕事を行なううえで必要な知識・技能の程度

◆責任の度合い…その仕事を行なううえで果たす役割

　③どの組織にも共通してある仕事（管理監督業務、会議打ち合わせ、部課内庶務など）は、全社的にとらえ方を統一して課業とする。

〔管理者の課業として統一する例〕

◆経営方針、部門方針の部下への徹底

◆担当部課の業務計画立案・調整・決定

◆部下への業務割り当てと指示

◆担当部課の業務進捗状況把握と推進

◆担当部課の業務運営についての上長への報告と意見具申

◆部下の業務報告聴取

◆人事考課とフォローアップ

◆部下の職能開発計画の立案と推進

◆部下の苦情処理

◆担当経費予算の作成

◆担当経費予算・実績の差異分析

◆緊急・異常事態発生時の応急措置の決定と措置の指示　など

第5章◆職務調査の方法と手順　127

〔監督者の課業として統一する例〕

◆担当係班の業務計画立案・調整・決定

◆部下への業務割り当てと指示

◆業務処理についての部下への指導・助言・助力

◆部下への作業訓練の実施

◆部下の職能開発の援助

◆部下の勤怠確認と服務規律の指導

◆緊急・異常事態発生時の確認と報告

◆上長不在時の代行 など

〔その他の課業として統一する例〕

◆文書、帳票、資料の整理・保管

◆文書のコピー

◆社内外文書の受発信

◆来客の接遇

◆諸会議の準備

◆電話の取り次ぎ など

　④本社と事業所の両方にある同一職能部門の類似の仕事は、全社的にとらえ方を統一して課業とする。

　⑤課業は、できるだけその内容と程度が一目でわかるように表示する。次のような紛らわしい用語は避け、内容と程度を的確に示す用語を用いる。

◆管理…「管理」とは、プラン・ドゥ・シー（計画・実行・評価）のすべてを含む用語である。その課業が企画・判定の仕事であれば「調査」「研究」「立案」「審査」「決定」など、執行の仕事であれば「記入」「計算」「作成」「実施」などを用いる

◆チェック…単なる読み合わせの意味もあれば内容審査といった判断や判定をともなう意味にも使われるように、幅の広い意味をもつ慣

図表5-1　課業の内容と程度を具体的に示す用語例

管理・監督的		企画・判定的		執　行　的		同左補助の用語例
用語例	類義語例	用語例	類義語例	用語例	類義語例	
○○○の		○○○の		○○○の	記入、転記	○○○の
（指示）	命令	（調査・研究）		（作成）	記帳、起票	補助
〃（指導）	助言、助力	〃（立案）	企画起案	〃（加工）	組立、仕上	
〃（統率）	掌握		設計、考案	〃（運転）	操作	
〃（折衝）	説得	〃（検討）	点検	〃（計算）	算出、集計	
〃（審査）	審議	〃（協議）	合議、調整	〃（打合せ）	説明、応接	
〃（決定）	許可、承認	〃（折衝）	交渉	〃（通知）	伝達、連絡	
		〃（まとめ）	集約	〃（報告）	上申	
				〃（整理）	分類、仕訳	
				〃（保存）	保管、格納	
				〃（照合）	読み合わせ	
				〃（実施）	執行、施工	

用語である。その仕事の内容と程度を的確に示す用語を用いる

◆ネゴ…営業職、販売職などでよく用いられ、単なる打ち合わせから、折衝や説得まで多様な意味をもつ慣用語である

　紛らわしい用語を排除するためには、使用する用語を統一しておくと便利である。図表5-1はその一例である。

(2)　課業評価基準の作成

　課業は経営目的を達成するために必要なものだが、その遂行にあたっては、むずかしいものもあれば、やさしいものもある。言い換えれば、それぞれの課業を遂行するために必要な能力の程度には高いものと低いものがある。役割等級制度の場合は、役割の高い等級にはむずかしい課業が配分され、低い等級にはやさしい課業が配分される。職能資格制度では、各従業員に配分された課業の遂行状況や内容を観察し評価することで、各人の職務遂行能力の程度を客観的に把握することが可能となり、それにより該当する職能資格に格付けすることになる。

　そこで職務調査では、まず課業の内容を明らかにし、どの程度むず

図表 5-2　課業評価基準例

評価段階	課業の階層区分	●評価段階別基準内容（上段）　／　○課業具体例（下段）
1	一般定型課業 単純非定型課業	●手続・手順・様式がほとんど定まっている定型的日常課業 ●上司または上級者より直接的細部的な指示・助言を受けて遂行する非定型的課業。反復的作業が主体であるが、狭い範囲で多少の思考判断を必要とする ●一定範囲の規程・業務手続・手順および慣行についての知識の習得または多少の実務的経験ないし訓練を必要とする ○消耗品・備品の購入、月次給与計算事務、社会保険手続事務、減価集計、限定範囲の継続販売購買事務、定例資料の集計作表、簡単な試験研究の測定等日常発生するまとまりのある定型課業 ○営繕、年末調整、原価計算、一定範囲の継続的販売購買業務、条件変化のある統計資料の作成、一定範囲の試験研究の測定、定型的部分設計等、定例的に発生する非定型課業
2	複雑定型課業 一般非定型課業	●手続・手順が大体定まっているが、かなりの範囲で思考判断や創意工夫を必要とする日常的または半日常的課業 ●比較的広範囲にわたるやや複雑な業務手続・手順ならびに関連分野の知識の習得あるいは相当期間の実務的経験ないしは訓練を必要とする ○中・長期の習熟や経験を要する技能作業、測定、あるいは改訂の多い法令やマニュアル等にもとづく事務処理や作業等の複雑な定型課業 ○企画、総務、人事、経理、販売、購買、技術研究等で通常の業務計画、短期の日程計画、現行規程・基準・処理手順・方法の改善案の立案 ○新規を含む一般的販売購買業務、既存の基準・資料にもとづく試験・研究・改良・設計等、条件変化の多い定例的非定型課業または企画・判定
3	高度・複雑非定型課業 監督課業	●特定の知識または経験にもとづき、かなり複雑な条件下で判断をしたり、創意工夫を加えながら遂行しなければならない課業 ●相当複雑な計画・推進・分析・改善・専門技術的な調査・研究・設計または対人折衝等を自己の判断で行なう ●ある程度まとまった数の下級者の作業を配分し、作業の進捗状況、作業結果の適否を監督する業務 ○企画、総務、人事、経理、販売、購買、技術、研究等で社内関係先との関連を考慮したやや複雑な業務計画の立案、例外事項の処理、経営諸管理技術・情報の調査・分析・とりまとめ ○主として新規販売購買職務、試作新製品・特殊品の部分的試験・研究・設計等やや複雑な企画・判定 ○標準的な規模の班、作業区、係における業務管理、組織管理、人事管理、部下指導

4	管理課業 （課相当） 高度専門的 課業Ⅰ	●通常の「課」相当の組織の運営の統括、同組織の業務処理計画の立案と調整および推進 ●上記に相当する程度の困難度と責任を有する専門的課業
		○標準的な規模の課における同組織の業務管理、組織管理、人事管理、部下指導 ○高度な技術的・専門的知識が必要な研究、実験、開発、分析等
5	管理課業 （部相当） 高度専門的 課業Ⅱ	●通常の「部」相当の組織の運営の統括、同組織の業務処理計画の立案と調整および推進 ●上記に相当する程度の困難度と責任を有する専門的課業
		○標準的な規模の部における同組織の業務管理、組織管理、人事管理、部下指導 ○自社の事業競争力に大きな影響を及ぼす可能性のある、きわめて高度な技術的・専門的知識が必要な研究、実験、開発、分析等

かしいのかやさしいのかを評価し、ランク付けする。この場合、課業を評価する基準がなければ、評価にあたって評価者の主観が大きく反映されてしまう。同一評価母集団内での課業序列では、基準がなくても課業同士の相対評価でそれほどの問題が出るとは思われないが、ほかの評価母集団との比較ではかなりのばらつきが出ることが予想される。こういった評価母集団間のばらつきを少しでも防ぎ、評価結果に対する従業員の納得や信頼を得るには、課業評価基準を作成し全評価者が同一基準で評価することが必要である。

　課業評価基準の作成にあたっては、最初から完全無欠なものをつくろうとしても無理があることから、課業の実態を踏まえることはもちろん、まず仮説として作成し、全体の職務調査に先立って行なわれるパイロットサーベイの課業評価過程で修正し、適正な評価ができる基準内容に整備するという手順を踏むとよい。この場合、評価段階数は当然、すでに設定してある役割等級や職能資格の段階数に合わせることになる。

　図表5-2は５段階の課業評価基準例である。

第５章◆職務調査の方法と手順　131

2. 職務調査の実施

　課業評価基準ができたら、実際に職務調査を実施する。その手順概要を示すと図表5-3のとおりである。以下、この手順に従い、ステップごとに説明する。

〈ステップ1〉職種別課業総覧の作成
　職種別課業総覧とは、課や係といった組織ごとに、組織が分担する単位業務と、単位業務を構成する課業を洗い出し作成した一覧表である。単位業務は通常、業務分掌規程などに示されているものをとらえればよいが、業務分掌規程の内容と実態にギャップが生じていることがあるので、実態に即して把握する必要がある。そのためには、課業の洗い出し作業は、その職場の実態に精通している責任者（管理監督者）が担当することが望ましい。

　ただし管理監督者といえども日常的に滞りなく仕事が進められていると、課業を概括的には知っていても、具体的なところまでは十分に

図表5-3　職務調査の手順概要

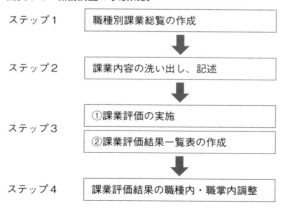

把握していないこともある。そのような場合は、職場の各人に担当する課業を書き出させ、それを整理するという手順を踏むとよい。整理にあたっては、単位業務を構成する課業について「管理監督レベル」「企画判定レベル」「執行レベル」「補助レベル」の差異に着眼するのがポイントである。

そしてこの段階では、課業のくくり方の精粗にも着目し、くくりが大きすぎたり細かすぎたりしていないかを確認する。特に企画判定レベルの仕事と執行レベルの仕事が一つにくくられているようなことはないか（ただし現在の人員の関係ではなく、通常一体化しているものはこの限りではない）、逆にくくりが細かすぎて、単に仕事の手順を並べたてたものになっていないかを確認、調整する。

なお課業の設定にあたっては、準備段階で説明したような社内で統一された用語（図表5-1）を使って表示すると、課業の大きさも自ずから定まり実際的である。図表5-4は課業総覧の一例である。

〈ステップ2〉課業内容の洗い出し、記述

課業内容の洗い出しは、それぞれの課業遂行に必要な能力の程度により課業自体の序列付けを行なうことを目的とする。したがって個々の課業を遂行するのに必要な能力がほかの課業とどのように違うかを明らかにすることがポイントである。

そこで課業内容をとらえるには

◆職務調査委員である管理監督者が直接、課業内容を記述し、部下との間で確認する

◆職務調査委員である管理監督者が部下の一人ひとりと面接をして内容を把握する

◆職場の各人に担当課業内容を記述させ、それを職務調査委員である管理監督者が整理する

などの方法が考えられるが、どの方法をとるかは職場の特性や実態に

第5章◆職務調査の方法と手順　133

図表 5-4　課業一覧表（例）

単位業務	課　　業
人事情報	人事情報データの更新-1
	人事情報データの更新-2
	身上報告書・記入マニュアルの作成
	身上調査の実施
	人事情報資料の作成-1
	データ処理ソフトの作成
	人事情報資料の作成-2
人事異動	通達の発行
	転勤者への説明とコンサルティング
	転勤者の個人書類の移管
	退職者への説明
勤　　怠	諸休願等受付・入力
	タイムカードデータの集信
	個人別出勤表の出力
	勤怠管理と改善トレース
	年次有給休暇の更新処理
	計画年休の実施
	一斉定時退社日の対応
	一斉有休取得日除外者の通知
	超過時間外勤務への対応

単位業務	課　　業
採　　用	学科別採用人数の調整
	年度採用計画（募集方法）の立案
	採用活動の準備
	採用試験問題の作成
	求人票の作成（新卒採用）
	大学への求人
	サブリクルーターによる求人
	就職情報誌による求人
	会社資料請求への対応
	会社説明会・選考日の通知
	会社説明会の実施
	筆記試験の実施
	面接試験の実施
	選考結果の通知
	採用活動速報の作成
	有望な入社勧奨者の勧誘
	内定者のフォローアップ
	内定式の実施
	採用活動の年度報告書作成
	入社準備の通知
	入社事務
	ハローワークへの求人
	派遣社員の契約
	派遣社員費の支払

単位業務	課　　業
人事考課	人事考課実施日程の作成
	人事考課表の企画
	人事考課の準備－1
	人事考課の準備－2
	人事考課表の配布・回収
	人事考課結果一覧表の作成
	昇格申請書の配布・回収
海外人事	海外赴任者への説明
	就労ビザ取得手続き
	赴任条件の通知
	海外赴任者の健康診断の手配
	海外赴任者の傷害保険の加入
	海外赴任者の引っ越し荷物の手続き
	リロケーション業者の紹介
	雑誌・物資の送付
	海外研修者の受け入れ
	海外研修者の生活費の支給と現地給与の指示
	海外勤務手当(本人給)改定案の作成
	海外給与の通知
	海外事業所の労務管理の指導

単位業務	課　　業
教　　育	年間教育計画の企画
	新卒入社前教育の実施
	新卒入社時教育計画の企画
	新卒入社時教育の準備-1
	新卒入社時教育の準備-2
	新卒入社時教育の実施（講師等）
	新卒工場研修の依頼
	新卒工場研修のフォロー
	集合フォロー研修計画の企画
	集合フォロー研修の準備
	集合フォロー研修の実施
	新入社員通信教育の実施
	新任管理者研修計画の企画
	新任管理者研修の準備
	新任管理者研修の実施
	中途入社者への入社教育の実施
労組対応	労使協議会等申入書の作成
	労使協議会等関連資料の作成
	議事録の作成
	交渉ベースの確定
	３６協定書の届出
	３６協定書の立案

応じて選択すればよい。ただ職場の担当者に課業内容の記述を依頼する場合、担当者間で記述事項や内容の精粗にばらつきが生じないよう、記入項目を明示した記入要領をあらかじめ作成すると効率的である。

　上記いずれの方法を選択するにしても、要はそれぞれの課業について「何を」「どのようにする」を中心に、次の諸点を明らかにすれば、課業遂行に必要な能力の程度（難易度）の評価が可能な情報が得られる。

　①課業の発生条件は何か

　当該課業が上司・上級者の指示（業務計画などを含む）によって開始されるのか、それとも環境条件の変化や新事態の発生に即応して開始されるのかを明らかにする。

　②課業遂行に際して、準拠・適用する規則・規程類は何か

　たとえば法令、社内規則や規程、業務マニュアルなどその課業が何にもとづいて行なわれるかを明らかにする。

　③課業遂行に際して判断のベースとなるもの、考慮する条件は何か

　たとえばどのような知識や情報を組み合わせて、選択や応用、工夫・判断などが行なわれるのか、どのような内容、条件を考慮して企画や立案、文章や資料の作成が行なわれるのかを明らかにする。

　④異常や疑義がある場合、どのような措置をとるのか

　たとえば課業遂行過程で異常事態が発生したり疑義が生じた場合、課業担当者がとるべき具体的な遂行範囲と内容を明らかにする。

　上記①〜④に留意してとらえた課業内容が、実際に遂行されている姿である。ただし、当該課業として遂行されるべき内容や範囲について、現担当者の能力不足や育成の過程のために援助や助言を行なったり、遂行範囲を縮小したりしている場合や、逆に同一課業を担当するほかの者に対して指導を行なっている場合がある。そのようなとき

第5章◆職務調査の方法と手順　135

図表 5-5　課業内容記述例

課　業　名	課　業　内　容
課業進捗状況の把握・推進・報告	①日常業務遂行状況に応じて ②課員からの課業遂行状況に関する個別聴取内容にもとづき進捗に遅れがある場合、促進のために助言、助力する ③問題がある場合、各課員の能力や負荷状況を考慮して業務計画の修正や課業配分の変更を行なう
共済金貸付の裁定	①貸付申請書にもとづき ②共済会規程を適用し ③制度趣旨、適用事例を考慮して適格な融資可否を判定する ④貸付事由、金額が基準に合致しない場合、銀行・労金・財形融資など代替措置を申請内容に応じて助言する
退職金の支払計算	①退職金支払指示書にもとづき ②退職金支払規程、所得税法を適用して ③退職時控除金に留意して支払明細書、源泉徴収書、税務申告書を作成する

は、現状の、あるがままの課業内容ではなく、担当者が本来遂行すべき内容や範囲を明確に記述することが重要である。そうでなければ、一定であるべき課業が担当者によって変わってしまい、担当者が変わるたびに調査を仕直さなければならないなど非常に効率が悪い。

　以上の点に留意して記述した例が図表5-5である。

　課業内容の記述方法にはいろいろな形式があり、一課業一葉の形式で、やや詳細に記述している例が図表5-6の課業登録書である。これをもとに課業評価を行なうだけでなく、新しく当該課業を担当する者に対する業務マニュアルとしても利用できる。このように利用目的によっても記述の仕方が異なってくる。

〈ステップ３〉課業評価の実施と課業評価結果一覧表の作成

　課業の洗い出しと内容の記述が終わったら、これを踏まえて課業自体の序列付けを行なうため、課業評価・格付けが必要になる。

　常日ごろ、部下の能力を把握し、それぞれの能力に見合った課業配

図表 5-6　詳細な記述例（課業登録書）

職　掌　名	職　種　名	系　列　　名（業務名）		
製　　造	非量産組立調整	非 量 産 組 立 ・ 調 整		
課　　業　　名		課　業　コ　ー　ド		課業等級
作業手順書の作成・変更		C　B　0　0　3　A　4		4

内　　　　容　　　　欄

(i)　この課業はどういう目的のために行なわれるのか
　　組立・配線・調整作業をスムーズかつ能率的に進めるとともに、品質を確保するために、
　　その手順と規準を明確にする。

(ii)　課業関連図（前後関係のほかに関連する課業がある場合はそれも記入する）

　　　[　　　　　　　]　━━▶　[当　課　業]　━━▶　[組立・配線・調整]

(iii)　この課業を行なうサイクルおよび費やす時間はどのくらいか（例：毎月2〜3日間）
　　1機種につき3〜20日間程度

(iv)　この課業はどのような 　　細目の仕事から成り立 　　っているか 1．資料収集 2．作業工程の把握 3．関係部署との調整 4．作業手順書の作成 5．　〃　規準の記載 6．設計変更等による一部 　　変更	(v)　その細目の仕事は具体的にどのよう 　　なやり方で行なわれるか 　　資料（組立図、回路図、仕様書等） 　を収集すると同時に、その機種の作 　業工程を把握する。不明確な内容に 　ついては、関係部署（技術等）と調 　整をとったあと、作業手順書を作成 　する。作業手順書は図式および文章 　を用いてわかりやすく表現し、必要 　箇所に作業規準を記載する。 　　また、設計変更または作業の効率化 　等により、変更することがある。	(vi)　使用する機械・器 　　具・帳票・規程類 ○組立図・回路図等、 　その機種の各種図面 ○その機種の仕様書

(vii)　この課業の遂行範囲はどの程度までか（例：「資料収集」の場合①資料を集めるだけなのか、
　　②集計までやるのか、③分析までするのか）
　　作業手順書の完成までとする。

(viii)　この課業のチェック形態はどうなっているか（例：主任が完成段階で主要点をチェックし、
　　課長が承認する）
　　主任（係長）がチェックし、課長が承認する。

(ix)　この課業を一人前（平均人）に遂行するため最低必要な習熟期間はどのくらいか
　　　一人前になるには(1)この課業担当前に　[組立・配線・調整作業]　を（3）~~ヵ月~~・年程度
　　　　　　　　　　　　(2)この課業を担当してから（6）ヵ月・~~年~~程度

(x)　この課業の前後に担当させる課業としてはどんなものが望ましいか
　1．この課業を担当する前に経験しておくのが望ましい課業
　（1）同一課・係の場合（組立・配線・調整作業　　　　　　　　　　　　　　）
　（2）その他異部門の場合（　　　　　　　　　　　　　　　　　　　　　　　）
　2．この課業の次に担当させるのが望ましい課業
　（1）同一課・係の場合（　　　　　　　　　　　　　　　　　　　　　　　　）
　（2）その他異部門の場合（　　　　　　　　　　　　　　　　　　　　　　　）

第5章◆職務調査の方法と手順　137

職　掌　名	職　種　名	系　列　名（業務名）	
製　　造	非量産組立調整	非量産組立・調整	
課　　業　　名		課　業　コ　ー　ド	課業等級
出　荷　準　備		Ｃ Ｂ ０ １ ６ Ａ １	1

内　　　容　　　欄

(i) この課業はどういう目的のために行なわれるのか
製品を安全に得意先に届けるため運搬時の振動、衝撃に対する破損防止処置を行ない、また、出荷される製品の添付、付属品の確認を行なう。

(ii) 課業関連図（前後関係のほかに関連する課業がある場合はそれも記入する）

出 荷 検 査 ━━→ 当 課 業 ━━→ 梱 包 作 業

(iii) この課業を行なうサイクルおよび費やす時間はどのくらいか（例：毎月２～３日間）
約５回／月　　　約２時間／回

(iv) この課業はどのような細目の仕事から成り立っているか	(v) その細目の仕事は具体的にどのようなやり方で行なわれるか	(vi) 使用する機械・器具・帳票・規程類
1．可動部分の固定と破損防止処置 2．防錆処置 3．添付、付属品の確認 4．運搬担当者への製品引き渡し	製品の完成および完成検査後、作業手順書または過去の経験にもとづいて製品の清掃を行ない機器の箇所によっては防錆処置も行なう。また輸送中の破損事故等を防止する目的でテープ類または布ヒモ等で可動部の固定、外装の保護を行なう。付属品、添付品については内容明細書、チェックシートに従い、その員数、内訳等を確認して次工程への引継を行なう。	内容明細書 チェックシート

(vii) この課業の遂行範囲はどの程度までか（例：「資料収集」の場合①資料を集めるだけなのか、②集計までやるのか、③分析までするのか）
製品輸送時の破損防止処置を行ない輸送担当者に製品を引き渡す。

(viii) この課業のチェック形態はどうなっているか（例：主任が完成段階で主要点をチェックし、課長が承認する）
出荷担当者が確認を行ない課長が承認する。

(ix) この課業を一人前（平均人）に遂行するため最低必要な習熟期間はどのくらいか
一人前になるには(1)この課業担当前に [　　　　　　　] を（　）ヵ月・年程度
(2)この課業を担当してから（1）ヵ月・年程度

(x) この課業の前後に担当させる課業としてはどんなものが望ましいか
1．この課業を担当する前に経験しておくのが望ましい課業
(1) 同一課・係の場合（　特になし　　　　　　　　　　　　　）
(2) その他異部門の場合（　　　　　　　　　　　　　　　　）
2．この課業の次に担当させるのが望ましい課業
(1) 同一課・係の場合（　特になし　　　　　　　　　　　　　）
(2) その他異部門の場合（　　　　　　　　　　　　　　　　）

分を行なっている管理監督者にとってみれば、分掌している課業に対する序列付けは課業同士の相対評価によってもある程度可能であろう。しかし評価段階の格付けとなると、どうしても客観性に欠けたり、他部門の課業の評価結果との比較でばらつきやずれが出たりして多くの従業員の納得を得ることは困難である。したがって課業の評価・格付けを行なうには単に評価者の主観によるわけにはいかず、多くの従業員が納得できる客観性ある基準が必要になってくる。

その尺度となる基準が、準備段階の場で作成した課業評価基準（図表5-2）である。この課業評価基準に照らして、課業一つひとつを評価し、格付ける。そして課業の評価・格付けが終わったら、その結果を職種（部、課、係など）ごとに、下位の評価段階に評価された課業から上位の評価段階に評価された課業へ順に整理し「課業評価結果一覧表」（図表5-7、図表5-8）を作成する。

〈ステップ４〉課業評価結果の職種内・職掌内調整

課業評価基準は、すべての職掌・職種にわたる課業を対象に行なう評価の共通基準として設定するので、できるだけ汎用的な内容にしなければならない。そのため、どうしても抽象的な内容表現にならざるをえないが、抽象的な内容表現の基準に照らして行なう評価は、評価誤差を起こしやすく、すべて的を射た評価になるという保証はない。加えて課業評価自体についても、職務調査委員である管理監督者が大勢でこれにあたるため、いかに研修を受けているとはいっても、管理監督者によって意識や態度に差が生じ、それが評価の甘辛となりかねない。

そこでこのステップでは、以上の課業評価基準や課業評価そのものに起因する問題点を解消し、評価結果の妥当性を高めるため、すり合わせ（相対評価）作業を行なうものである。

まず最初に、課業評価結果一覧表をもとに、同一職種（同一係、

図表 5-7　課業評価結果一覧表（例）

評価段階＼職種	人　　　事	労　　　　務
1	○内定者関係書類の収集・整理 ○入社受入準備・実施補助 ○入社式および新入社員教育実施補助 ○人事考課実施準備補助 ○従業員名簿の作成 ○人員表の作成 ○課内庶務 ○募集および選考準備補助 ○募集活動補助 ○採用選考の実施補助 ○新入社員教育計画立案・調整補助 ○人事記録・資料の記入・作成	○勤務カードの作成 ○福利施設利用券の発行 ○定期健康診断の補助 ○課内庶務 ○給与計算補助（個別データ作成） ○賞与計算補助（　〃　） ○年末調整補助（　〃　） ○健康保険事務（　〃　） ○厚生年金保険事務（　〃　） ○雇用保険事務（　〃　） ○労災保険事務（　〃　） ○年休発生連絡表の作成・発行 ○慶弔見舞金の支給
2	○要員調査・要員計画の補助 ○採用内定・不採用の通知 ○入社受入準備と実施 ○異動候補者の検索 ○異動・赴任の事務処理	○所得税・住民税の納付 ○労災保険の給付 ○定期健康診断の実施 ○福利施設（社宅、食堂、クラブ保養所） 　の運営事務
	○募集活動の実施	○業務上災害の現場確認と措置 ○福利施設活用計画の立案・調整
3	○人事諸制度改定案の立案 ○組織、役職制度改定案の立案 ○採用選考の実施	○団体交渉・労使協議会の事務局業務 ○労働協約の立案 ○労使委員会委員業務 ○給与制度改定案の立案 ○退職金・年金制度改定案の立案

課、部）の同一評価段階に評価された課業同士のすり合わせを行ない修正する。次に、同一職種内の直近上・下の評価段階に評価された課業同士をすり合わせて修正を加え、ステップ3での課業評価結果の妥当性を高める。同一職種内での評価結果のすり合わせ修正作業が終わったら同一評価段階に評価した隣接職種の課業同士のすり合わせ修正を行ない、職種間での課業評価結果の妥当性を高める。

　ただしこの職種間でのすり合わせ、修正を行なう範囲は職務管理用語でいう同一職掌内（事務職掌、営業職掌、技術職掌など）にとどめ

図表 5-8　課業評価結果一覧表（例）

職掌	事務	職種	ＥＤＰ

等級	課業名	
1級	プログラム・パンチ データ・エントリー オペレーション（業務） 設計文書の保管 書類・通達配布 郵便物の発送 食事の注文 旅費・経費伝票処理 書類の保管	清書・ワープロ・タイプ 接客 電話取り次ぎ コピー 消耗品・事務用品手配 勤怠・超勤報告 MT ファイルの保全 パソコンのプログラム開発（初級）
2級	プログラムの論理設計（初級） デバッグ コーディング 研修手配 既存システムの部分改定	機器発注手配・処理 運用手続きのまとめ 既存プログラムの解読・修正 パソコンのプログラム開発（中級）
3級	システムの論理設計（小規模） プログラムの論理設計（中級） 単体テスト オペレーション（システム） 実務部門の教育・指導 ファイルの設計 コードの設計 プログラムの標準化 社内関連システムの調査・分析 性能調査・効果分析（単機能機）	機械室運営（定型） システムテスト（小規模） 新システムの評価項目の設定と効果見積もり マニュアル・概説書の作成 プログラミングの助言 システムフローの作成 システム改善（Ⅰ） パソコンのプログラム開発（上級）
4級	システムの論理設計（中規模） プログラムの論理設計（上級） システムテスト 汎用、開発用プログラムの作成 指導・監督（初級） システム構想書作成 性能調査・効果分析（周辺機器） 回線・ネットワークの調査・研究	部門間調整（小規模） 情報システムの調査・分析 機械室運営（非定型） 運用トラブル対応 システムテスト（中規模以上） システム企画書の作成・提案 システム改善（Ⅱ） 開発手法およびソフトウエアの検討
5級	システムの論理設計（大規模） 指導・監督（中級） 性能調査・効果分析（システム機器） 部門間調整（中規模） 新システムの導入助成 他部門業務の動向調査・分析	設備導入計画の立案 プロジェクト推進計画立案と進捗チェック 情報処理技術に関する調査研究 利用新分野研究 稼働実績の分析 システム改善（Ⅲ）
6級	指導・監督（上級） 部門間調整（大規模） 全社事務改善の企画立案 事務計画立案と進捗管理	システム化の報告・調整・啓蒙 業務計画の立案と進捗チェック 教育訓練計画の立案と要員育成

第 5 章◆職務調査の方法と手順　141

なければならない。職掌間で課業評価結果をすり合わせるということは、いわば「絵画」と「音楽」という異質のものを比較するようなものであり実際上、不可能だからである。無理に行なおうとすると、部門間の力関係に左右されたりして逆に問題が生ずることになりかねない。

このようにステップ3では課業評価基準による絶対評価を行ない、ステップ4では、課業と課業とを相対比較して、同一職種の同一評価段階内、同一職種の直近上・下間、同一評価段階の同一職掌内職種間というように課業評価結果の妥当性を高めていく。

これをもって職務調査作業は一応、終了する。

3. 等級・資格基準の作成

以上のとおり、職務調査において全課業を評価し、職種別評価段階別に整理した一覧表を作成した。評価段階は役割等級や職能資格の段階と等しく設定してあるので、評価段階ごとに該当する課業が明らかになったことは、役割等級で当該等級において果たすべき（遂行すべき）課業や、職能資格制度において当該資格に見合う職務遂行能力が要求される課業が明らかになったことを意味する。したがって課業評価結果一覧表をもって、役割等級基準や職能資格基準としてもよい。

ただし、役割等級基準の場合は、たとえば5等級の役割を果たすにあたって、5等級の課業のなかで、最低限遂行する必要がある課業を指定する必要がある。その指定された課業は、ある程度独力で遂行できなければ、5等級の役割を果たしていることにならないので、降格の対象となりうる。

一方、職能資格制度では、上位等級の課業のいくつかを一定程度独

図表 5-9　職能資格基準例（労務課）

職能資格	職　能　資　格　基　準
1 等級	1．出勤簿の回収・整理ができている 2．福利施設利用券の発行ができている 　　　⋮
2 等級	1．健康保険・厚生年金・労災保険の資格取得・喪失手続きができている 2．所得・住民税の納付手続きができている 　　　⋮
3 等級	1．年末調整ができている 2．医務室の運営ができている 　　　⋮
4 等級	1．団体交渉、労使協議会の事務局業務ができている 2．労働協約案の立案ができている 　　　⋮

力でできるようになれば、上位の職務遂行能力がある（発揮している）と認められるので、昇格の対象となる。逆に現等級の課業の大半を、何らかの理由で独力で遂行することができなくなれば、降格の対象となりうる。

　なお、課業評価結果一覧表は職種別職能資格別に課業名が列挙されているだけのものなので、「基準」としての体裁を整えるため、課業名のあとに「…ができている」という記述を加えるとわかりやすい（図表5-9）。ちなみに、「…ができる」という記述にすると、実際に当該課業を遂行していなくても、「やらせればできるだろう」「これができるのだから、あれもできるだろう」といった保有能力、潜在能力で評価する余地を生んでしまう。そうした場合、考課者の主観による評価を生むばかりか、実際に課業遂行にもとづく成果を創出もしていないのに、昇格や昇給につながり、成果・貢献度にもとづく処遇と外れてしまう。したがって職能資格基準では、あくまで当該課業を遂行してもらい、その課業を独力で遂行できているかを「発揮能力」で評価することが基本であり、資格基準も「…できている」という表現とな

第 5 章◆職務調査の方法と手順　143

る。

4. 役割等級・職能資格基準の維持

　役割等級基準や職能資格基準は一度作成すればいつまでもそのまま使える性質のものではない。企業は、経営内外の環境変化に対応して常に事業内容や組織を見直し、維持・発展をはかっている。こうした新しい事態に対応して、定期もしくは随時、役割等級・職能資格基準を見直し、改定していくルールをつくっておくことが必要である。

❶改定の条件

　次のような事態が生じた場合、通常、役割等級・職能資格基準を見直し、改定を行なう必要がある。

◆事業内容、組織の改変にともない業務の新設・改廃があったとき

◆業務の新設・改廃にともない職種・課業の新設・改廃があったとき

◆設備・機械（自動機・省力機を含む）の導入にともない職種や課業の新設、改廃があったとき

❷改定の時期

　随時発生する改定の条件に対し、その都度対応するのでは煩わしすぎる。次のように改定時期を定めておくとよい。

◆定期…毎年1回定期的に行なう

◆不定期…大幅な組織・業務の新設や改廃がなされた都度、臨時に行なう

＊

　なお、実際に職務・役割・職能にもとづく人事賃金制度を運用するのは各部門の管理者となるので、上記の改定にかかわる一連の作業は、課業配分や職位設定を行ない、その遂行結果を評価する当該管理

者の重要な課業の一つであると認識させることがきわめて重要になる。

　この維持管理が適切に実施されないと、制度導入当初は適切であった制度も、いつの間にか破綻してしまうことになる。かつて、職務等級制度・職務給導入で多くの企業で経験ずみの事実である。

　さらに、わが国では長い間、年功人事制度のもとに人事運用がなされてきた影響が強く、職位や課業の分析・調査・評価などは人事部門の仕事であるとの誤った認識をもつ管理者が圧倒的に多い実態を踏まえ、研修などを通して管理者の意識改革をはかることが必須である。

参考文献

『役割・貢献度賃金－成果主義人事賃金制度の再設計』2010年

『職務区分別人事考課の考え方と実際』2002年

『これからの一般職賃金－職務区分別賃金の考え方』1999年

『日本型年俸制の設計と運用』1996年

『職能資格制度と職務調査』1989年

『職務分析・調査入門－人の活性化・仕事の効率化』1986年

『職務分析入門－「人事・賃金制度の近代化」「間接・事務部門の効率化」のために』1981年

『新職能資格制度－設計と運用』1980年

『日本における職務評価と職務給』1964年

『職務研究』（人事賃金センター機関誌。B5判70ページ前後、隔月（奇数月）発行。組織・人事・賃金に関する諸制度の導入・運用事例を特定テーマのもとに編集。毎回、5社程度の事例を紹介。テーマ例は「人事考課制度」「雇用延長制度」「グローバル人材育成」など）

『事例研究』（人事賃金センター会誌。B5判20ページ前後、年間12冊程度発行。主に、事例研究会で発表された人事制度事例について、講演者自ら講演内容に加筆する形でまとめたもの）

「職務分析員養成コース・テキスト」

＊上記はいずれも人事賃金センター（旧：職務分析センター）編著

『これからの賃金制度－仕事と能力に応ずる賃金の決め方と運用』労働省賃金制度研究会編（産業労働調査所）1972年

執筆者略歴

吉田純一（よしだ・じゅんいち）
東京大学文学部心理学科卒業。電子部品会社の労務課長を経て、1977年日本経営者団体連盟（日経連）・職務分析センター指導課長。1992年同所長。2001年日経連理事・労政部長兼人事賃金センター所長。2002年産業雇用安定センター事務局長。2008年経団連事業サービス・人事賃金センター長。2013年より同・人事賃金センターシニアフェロー。著書『職務分析入門』『職能給の導入と運用』『職務分析・調査入門』『新人事考課制度の設計と活用』『職能資格制度と職務調査』『新時代の管理職処遇』『日本型年俸制の設計と運用』『職務区分別人事考課の考え方と実際』『役割・貢献度賃金』ほか。

平田　武（ひらた・たけし）
明治大学商学部卒業後、日本経営者団体連盟（日経連）入職。賃金部、労政部、教育研修部等を経て、2004年日本経済団体連合会（経団連）労働政策本部労政・企画グループ副長。その後、総務グループ副長、組織協力グループ副長を経て、2008年経団連事業サービス・人事賃金センター参事。2013年より同・人事賃金センター長。著書『役割・貢献度賃金』、「賃金管理体系の基礎」（『宮城経協会報』連載）、「脱年功・仕事基準の職能資格制度の再設計」（『経団連タイムス』連載）、「賃金管理・体系・考課制度の基本と今後の方向性」（『職務研究』連載）ほか。

本気の「脱年功」人事賃金制度
—職務給・役割給・職能給の再構築

著者◆
経団連事業サービス　人事賃金センター

発行◆平成 29 年 9 月 30 日　第 1 刷

発行者◆
讃井暢子

発行所◆
経団連出版

〒100-8187　東京都千代田区大手町 1-3-2
経団連事業サービス
URL◆http://www.keidanren-jigyoservice.or.jp/
電話◆［編集］03-6741-0045　［販売］03-6741-0043

印刷所◆平河工業社

ISBN978-4-8185-1704-2 C2034